人が育って儲かる環境整備

(財)日本そうじ協会 理事長
今村 暁
SATORU IMAMURA

日本経営合理化協会出版局

まえがき

日本そうじ協会の理事長として、企業の環境整備の指導を続けている私のもとに、中小企業の社長から多くの悩みが寄せられる。

処方箋《しょほうせん》をもとめて、私の環境整備セミナーに参加される社長の悩みは、大別すれば次の3つに収斂《しゅうれん》されるようだ。

ひとつには、「売上が落ちてきている」「取引先からのコスト削減要請が厳しい」といった業績面の悩みだ。

2つめは、「人が育たない」「思うような人を採用できない」という人材育成、採用の悩みである。とくに「幹部リーダーが育たず、社長である自分一人が奔走せざるをえない」と共通しておっしゃる。

「がむしゃらに頑張ったわれわれの時代と違う。少し厳しく指導するとブラック企業だとの烙印《らくいん》を押され、すぐに辞めてしまう」「辞めないまでも、方針通りにやってくれない」「目標が未達成でも、ま、いいやといって危機感をもたない」

その結果、３つめとして、社長一人が頑張ってても誰もついてきてくれないという状況に陥る。そうなると、社長は時間的にも精神的にも余裕を失い、一人疲れて、会社の中で孤立するとともに、人に対して諦《あきら》め、会社の未来に対しても希望をもてなくなってしまうようだ。

さらに各種のセミナーに参加して指導を仰《あお》ぐが長続きしない。ノウハウを仕入れてやってみても、社内に落とし込めず浸透しない。最後は「本当にやりにくい時代だ」と愚痴《ぐち》をこぼされる。

要するに、社長の悩みは大別して「ヒト」と「カネ」の悩みだが、しかしその悩みというのは、社員の多くが成長していけば、おのずと解消されるはずのものだ。

では、どうやれば社員の成長を力強く促すことができるだろうか。

まずは「自分の会社に社員が育つ環境があるかどうか」そして「社員を育てる仕組みがあるかどうか」を自らに問うてみてほしい。

社員が育つ環境づくりと習慣づくり、それがこの本で解説する今村式の掃除から始める環境整備だ。

※

第2章で詳しく述べるが、私は長年取り組んだ不登校の生徒指導の経験から、掃除、片づけという身近な作業が絶大な教育、人材育成効果があることを身をもって学んだ。その掃除、片づけを環境整備の入り口として活用することで、社員のヤル気に火をつけ、規律ある社風の強い会社へと確実に生まれ変わることができるのだ。

「掃除で会社が変わるなら苦労はしない」「そんなことに時間を割くなら営業、生産に力を入れた方がましだ」という抵抗がありそうなので申し上げておきたい。

その効果は、この本で紹介した各社の事例を読んでもらえばわかると思う。紹介事例だけでなく、私が環境整備を指導した会社で、社長たちが抱える悩みのひとつである、業績面の停滞を打ち破れなかった会社は一社もないのだ。

※

環境整備の重要性は、経営コンサルタントの一倉定《いちくらさだむ》先生が、1970年代に、「中小企業の経営に不可欠である」と喝破《かっぱ》され、多くの会社に経営革命をもたらしたものだ。

一方で、メーカーは生産現場で、戦後早くから3S（整理・整頓・清掃）に取り組み、生産性向上と労働安全の面で効果を上げてきた。しかし、そこでは人を育てるということよりも効率を求めていた。

今村メソッドでは、3Sに加えて、環境整備に社員自らが積極的に取り組むためのシステムとして、これ以上ないという意味での「無上位《むじょうい》」に磨き上げる「清潔」と、後戻りしないための「習慣」、だれにでもわかり、そして成果を褒《ほ》めるための「仕組み化」を加えた、社員が育つための「6S」を提唱している。この本では具体的にわかりやすく事例を踏まえてその導入方法を紹介した。

「習慣」と「仕組み化」がキーワードとなる。それによって、会社と社員は「これぐらいでいい」ではなく、さらに上を無限に目指す積極的精神と向上心の「正のスパイラル」を手に入れ、それを仕事に活かすようになる。

私はなにも精神論を説いているのではない。環境整備は苦行《くぎょう》ではない。だれにでも楽しく取り組める楽行《らくぎょう》、遊行《ゆぎょう》であるべきだと指導している。社長がガミガミ指示するだけでは長続きしない。「言っても社員はやらない」という社長の悩みはここを取り違えているからなのだ。

だれにでも楽に取り組めて継続でき、だれがやっても同じ効果が生まれるようにシステム化し、目に見えるように可視化することが肝要だ。それが「習慣」と「仕組み化」の原則だ。

3年あれば人は育つ――。

私が大学生時代に、全国優勝した少林寺拳法《しょうりんじけんぽう》部の主将として先輩に育てられ、後輩を育てた経験に基づく信念だ。今村メソッドの環境整備を導入すれば、3年であなたの会社にもプロジェクトマネジメント能力のある人材が育つ。そして社内に社員が自主的に取り組むＰＤＣＡ（計画→実行→評価→改善）のサイクルが回りはじめる。

私が提唱する環境整備は、会社の理念、社長の信念をあらわし、会社の理念の高さ、規律を示し、会社のプロジェクトマネジメント力を育てる。そして環境整備を継続することによって、会社そのものがブランドになる。

頭で考えているばかりではものごとは動かない。良いと思ったらまず手、足、口を使って動き出すこと、そしてシンプルにそれを社員に示し、過去と未来に思い悩まず今に集中することが大事である。

悩める社長たちは、まず動き出すべきである。良いと思ったら今村式の環境整備を導入され、それを継続されることを切に願うものである。


最後に、執筆に際して多大なご協力をいただいた掃除大賞関係者の皆様、事例を提供してくださった各社、関係各位に深甚なる感謝の意を申し添えておきたい。

また、本書出版にあたり、お世話になった出版プロデューサーの宇恵一郎氏、私のセミナーを担当してくれている日本経営合理化協会企画部課長の三木亨《とおる》氏、同出版局編集長の岡田万里氏に、心から御礼を申し上げる。

2016年1月吉日

一般財団法人「日本そうじ協会」理事長

今村　暁《さとる》

もくじ

編集　宇恵　一郎

装丁　森口あすか

【第Ⅰ篇】

環境整備によって
なぜ社員が成長し会社が変わるのか

第1章　社長の悩み

環境整備はここまで会社を変えた

荒れた職場の社員にやる気を起こさせたい―T社（産業廃棄物中間処理業）

ダイオキシン騒動で廃業の危機に

環境汚染物質のダイオキシン騒動に巻き込まれ、風評《ふうひょう》被害によって地域からバッシングを受けて一時は廃業まで覚悟した産業廃棄物処理会社T社が、徹底した環境整備の実践から始めて、社員の意識改革に取り組むことで見事に立ち直ったケースがある。

T社は一時は売上高は限りなくゼロにまで落ち込んだが、10年間の戦いの末に今では、年商41億円を達成するまでになった。さらに、「汚い」イメージがつきまとう産廃処理施設から塵埃《じんあい》が消えたばかりでなく、プラント敷地周辺の里山《さとやま》回復事業にも取り組み、地域住民に愛される超優良企業に変身した。

決め手となったのは、「どうせ産廃業者は地域から嫌われる会社だから」という社員の投げやりな姿勢を根本的に変革した環境整備にあった。捨て身の思いでT社長が取り組み、相談を受けた私が「どうせ目指すなら、日本一、いや世界一の産廃業者を目指そう。地球上でもっとも産廃処理の技術をもった会社になり、環境のオピニオンリーダーになろう」と指導した理念を見事に実現した事例だ。

私が、この企業、首都圏の雑木林《ぞうきばやし》の中にあるT社から指導に呼ばれたのは4年前のことだった。

「ここまで何とか自己流で3S運動を続けてきたが、従業員が進んで作業に取り組み、それを継続、永続させるにはどうすればいいだろうか」というのが、廃業危機の中で先代から経営を引き継ぎ、会社の立て直しに奔走してきたT社長の相談の趣旨だった。

T社長の案内でプラント内をまわって驚いた。産業廃棄物の破砕《はさい》、分別、再処理のラインはすべて建屋に覆《おお》われ、プラント内外の掃除が行き届き、ゴミひとつ落ちていない。

ひととおり工場を見て回ったあと、私はT社長に言った。

「産廃業者とは思えないくらい、よくここまで社長一人でやられましたね。会社を改革する第一歩に、まず職場の環境を整える3S活動から始められたというのは正しい判断でした。名経営者が請《こ》われてダメになった赤字会社を再建するときも、まずはそこで働いている社員とともに職場の環境を良くすることから始めます。ただ御社の場合、あなたが一人で奮闘して社内をきれいにされて、それだけでも効果がすでに出ていますが、問題は、あなたがいなくなったら、また元の職場に戻ってしまうに違いないことです。そうならないためには、社員が進んで環境整備に取り組む風土を社内につくらなければなりません。まだまだやらなければならないことがたくさんありますよ。それにしても、御社はいったいこれまでどんなドラマを乗り越えてきたのですか」

問いかける私に、T社長は10年間の戦いの歴史を語りはじめた。

武蔵野《むさしの》台地の雑木林《ぞうきばやし》に取り囲まれたT社は、１９６０年代に創業した先代社長が一代で築き上げた。雑木林《ぞうきばやし》の中に位置するプラントでは、建設現場、ビルの解体現場などから出る産業廃棄物を焼却処分するだけでなく、リサイクルにも幅広く取り組み、年商25億円まで順調に業績を伸ばしていた。

同社を激震《げきしん》が襲《おそ》ったのは、90年代最後の年の冬のことだった。

あるテレビ報道番組が、プラント立地地区周辺の野菜が「高濃度のダイオキシンに汚染されている」と報道したのが始まりだった。報道を受けて、当時、同業者が集中立地して〝産廃銀座〟と呼ばれていた地区の工場が犯人だとして、周辺住民、環境保護団体が目の敵《かたき》にしはじめた。報道が住民運動に火をつけたのだ。連日焼却炉の煙突から上がる蒸気を見て、「あれがダイオキシンだ。汚染の元凶《げんきょう》だ。いますぐ操業を止めろ」と押しかける。

T社では、3基の焼却炉を運用していた。騒動の2年前から国の環境汚染対策強化政策を先取りしてダイオキシン対策炉を導入していたが、それにはおかまいなしに「T社は、ここから出て行け」とシュプレヒコールを繰り返す。出勤してくると、会社の壁に「ダイオキシン原因企業糾弾」の横断幕が掲《かか》げられている。住民は完全に敵にまわった。

結果的には、ダイオキシン汚染報道の根拠はあいまいで、風評《ふうひょう》被害の側面が大きかったのだが、住民運動にひるんだ取引先の大手ゼネコンや大手ハウスメーカーは、ビルや住宅の解体現場からの産業廃棄物の持ち込み処理契約をつぎつぎとキャンセルしてきた。

２、３年のうちに、周囲の同業者の中には、事業停止や移転に追い込まれるものも出てきた。Ｔ社も存続の危機に立たされることになった。

30歳で危機の会社を引き継ぐ

創業者の娘であるＴ社長が、30歳で二代目社長に就任したのは、そのころのことだ。まだ若い女性社長だった。

「地域に受け入れられない会社を続けていても意味がない」と廃業を胸に秘めて思い悩む父親を見て、男兄弟《きょうだい》もいたが自ら志願して火中《かちゅう》の栗《くり》を拾った。のちにＴ社長が当時を振り返って言うには、夜も寝れず思い悩んでいる父親の姿を見て自殺するのではないかと不安がよぎったという。

20歳で、父親から「会社を手伝いに来い」と言われて、事務員として入社した二代目のＴ社長だが、経営は素人のようなものだ。さらに、男職場の業界でもある。塵埃《じんあい》にまみれて働く作業員、廃棄物を持ち込む業者のトラック運転手は、口をきくのも荒っぽい。たしかに男職場だ。

「私に社長をやらせて」と言い出した娘に父親は、

「何言ってるんだ。女にこの商売が勤まるわけないだろう。しかもこの厳しい状況で」と、否定的だったが、あきらめない娘に「そこまで言うなら、1年だけ時間をやるから、何ができるか見せてみろ」と、しぶしぶ条件付きで許してくれた。

ずっと父の仕事を手伝いながら、産廃処理業は、この世の中に必要な仕事だとの自負もあった。

「この世のゴミは100パーセント人間が生み出したもの。自分たちが出したゴミだから処理するのも人間でなくてはいけない。それを焼却して埋めるだけでなく、必要なものを取り出してできる限り再利用する。素晴らしい仕事なんだ」

「その仕事に人生をかけてきた父親の夢をむざむざと壊《こわ》されてたまるか」との思いもあった。

新社長は、こう考えた。

「社会に必要な仕事なのに、ゴミ屋だ、捨て場だ、と蔑《さげす》まれ、社会的地位も低い。このままじゃ跡《あと》を継ぐものも出てこない。三代、四代と代を継いでいく永続企業にするためには、何をすべきか？」

腐《くさ》ってないで、自分たちも変わらないといけない。それが、社長としての最初の思いだったという。

エロ本が散乱する絶望的な職場環境

産廃屋は汚い仕事という意識を変える必要がある。外からの評価を変えると同時に、社員ひとりひとりの「どうせこんな仕事」という考えを改めることが求められた。

まず、外からの評価。ダイオキシン騒動は次第に落ち着いてきたが、焼却炉の煙突は24時間、外部から監視されていた。焼却炉の稼働停止に取り組んだ。「廃棄物の焼却処理をやめましょう」と父親に談判《だんぱん》した。

先にも触れたが、問題の2年前に焼却炉はダイオキシン対策炉に切り替えてあった。ダイオキシンは出ない。しかし、社会のバッシングは執拗《しつよう》だ。

社長を引き継いだといっても、代表権は会長の父にあった。対策炉に15億円を投資した父親にとっては苦渋の決断だったが、「地域に受け入れられないなら仕方がない」となんとか同意を取りつけた。

より大変だったのは、社員の意識改革だった。どうせゴミ屋だから汚くても、の意識では、社会の評価も上がらない。まして社員の士気もあがるわけがない。

「従業員に嫌われてもできることからやろう」

事業所内を回ってみて、その汚さ、乱雑さに驚く。プレハブの休憩室には、ヌードグラビアが散らかり、エロ本、漫画雑誌があふれていた。床には煙草の吸い殻が投げ捨てられている。

「片づけなさいよ!」

注意された社員はのろのろと面倒くさそうに、引き出し、ロッカーに押し込んだ雑誌類を捨てる。

仕事中のタバコは禁止。作業中のヘルメットの着用を義務づけ、サンダルばきでの出社も叱る。

もう、これは戦い、戦争だった。

事業所内に６か所あった休憩室は就業時間内にさぼるための逃げ場になっていた。これを１か所に絞《しぼ》る。

同時にＴ社長は、あいさつの励行《れいこう》を社員に求めた。社長就任以来、毎朝はじめた15分朝礼で、社長自ら、「おはようございます」と呼びかけ、社員にも復唱させる。初めのうちは「……っす」と小さな声しか返ってこなかったのが、やがて少しずつだが定着する。

「なんだよ、娘っ子の社長がえらそうに、やってられっかよ！」の反発と抵抗はしばらく続いた。

「当たり前のことができないのなら、辞めてもらってもいい」

女社長は、断固とした決意で取り組んだ。職場の環境整備の入口は、当たり前の挨拶と掃除の徹底だった。

ハード、ソフトで環境を整える

廃棄物の焼却作業はやめたが、持ち込まれる産業ゴミの選別のライン周辺ではホコリが舞い上がる。このためにラインを屋根で覆《おお》って全天候型に変えることへの投資も父親と相談して着手した。周辺住民に配慮すると同時に、大型の集塵機《しゅうじんき》を設置して従業員の作業環境にも配慮する。

さらに、銀行から借入れをして、鉄骨とパネルがむき出しの本社建物をビルに建て替えた。これには昔気質《むかしかたぎ》の父親は、「いくら立派な本社ビルを建てても、それで飯が食えるか」と激怒したが、「工事現場にあるような簡易トイレで、従業員がついてきますか？　そんな会社に応募してくる社員がいますか？」との娘の説得の熱意に最終的にはオーケーを出した。

ソフト面でも社長は秘策とも言えるアイディアを繰り出した。

「これからは、環境に配慮しない企業は生き残れない時代だ」

就任直後のある日の朝礼で、環境マネジメントシステムのＩＳＯ１４００１取得に挑戦することを宣言した。

「1年間で取るので、社員のみなさんにも協力してもらいます」

「そんなのやってられねえよ。冗談じゃない」

幾人かの社員がヘルメットを床に投げつけて、社を去った。社員の誇りにつながるとの確信があった。「会社が縮小しても、これだけは譲《ゆず》れない」

信念を貫き、社員の勉強を重ねたが、社長就任後、半年で65人いた社員の４割が退社した。皮肉な事に、これで社員の平均年齢は55歳から35歳に若返った。トップの改革方針に理解のある精鋭が残ったことになる。

３Ｓ導入から始める

とはいえ、ＩＳＯ導入への道のりは遠く思われた。長い間、「産廃業なんだから散らかって当たり前」という社員の意識を変えるのは容易ではない。社長は「整理」「整頓」「清掃」の３Ｓの徹底から始めた。

ＩＳＯが目指す環境マネジメントを考えた場合、この整理、整頓、清掃という３Ｓが不可欠なものと考えたからだ。

まずは「整理」。不要なものは徹底して捨てさせた。ヌードグラビアや漫画雑誌を捨てるように指示すると、社員は見えないロッカーの中に隠す。本来、必要なものをしまうロッカーなのに、不要なものの隠し場所になっている。ロッカーは要らないと気づいた社長は、ゴミ箱代わりに使われていたムダなロッカーを捨てた。

これによって事業所内にあるものはすべて見えるようになり、やがて必要なものだけが残るようになった。

次に「整頓」に取り組む。雑然としていた工具類を収納する棚を設けた。必要なものを、使う順序を考えて並べ納めた。そして作業が終われば同じ場所に戻させる。これだけで作業効率は格段にアップした。

整理、整頓はものだけが対象ではない。知識、データも手際よく蓄積する必要を感じた。たとえば、ある機械が不具合を起こして、社員から「修理が必要だ」と言ってくる。「いつから使っている機械か」と訊《たず》ねても、「10年以上前かな」とあいまいな返事しか返ってこない。

「最後の修理はいつか」と聞いても、「さていつだったかな」

職場のベテランも覚えていない。不具合、故障が起きてから修理で対応していた。このためにラインは止まる。そこでコンピュータを導入して、重機も含めて機材の履歴をすべてデータベース化することに着手した。

これによって、機材の稼働歴が把握できるようになり、一定の期間ごとに定期メンテナンスをやり、トラブルを事前に防止できるようになった。

整理、整頓までは、社長のやる気で何とかなる。その状態をきちんと維持するためには「清掃」が必要となる。これには、なんといっても社員のやる気を引き出すことが重要だ。

毎日2回の社内巡回

1日の仕事が終わると、全員で持ち場をきれいに清掃して翌日に備える。だれにとっても面倒くさい仕事だけに、習慣づけが決め手となる。T社長は、毎日午前10時と午後5時の2回、現場を巡回してチェックして回った。

ただ巡回するだけではなかった。現場を回りながら、3Sが徹底されているか、あいさつはできているかを、毎日欠かさず「巡回指導報告書」に書いた。

そして幹部社員らを巡回に同行させて、30に及ぶチェック項目を確認させた上で巡回指導報告書を彼らに書かせるようになった。

社長の目だけでは見落としもある。営業部、施設管理部、人事部それぞれに目のつけ所が違う。複眼でチェックすると、それぞれの専門の目での気づきがある。気づきがあると、写真付きで提出させる。「よくできました」、「ダメですね」のテストではないから、現場にフィードバックし、日々の改善につなげていく。

最初のうちは、「おい、またうるさい社長が巡回に来たぞ」と、受け身で清掃をはじめる社員たちだったが、4年後には、先回りして掃除するようになった。まさに巡回による習慣づけの効果だ。

幹部社員に巡回を任せるようになっても、社長は今も、毎日上がってくる巡回指導報告書のチェックは欠かさない。

社員自らが問題点を共有化することによって、新たな効果も生まれた。

たとえば、排水溝が落ち葉で目詰まりしていると、それを取り除くだけでなく、いつから掃除をしていなかったか、に社員が気づくようになる。さらには、「目詰まりを起こさないようにするために、排水溝に網《あみ》をかぶせよう」という改善策を提案する社員も現れるようになった。

プラントを止めてでも清掃の決意

社長の方針に理解を示しはじめ、社内の巡回作業を欠かさなかった父親の会長が、ある日、出入りのダンプカーの荷台から廃棄物の液体がもれ、事業所内の道路が汚れていたのを見つけた。会長は叫んだ。

「プラントを止めろ！　すぐに止めろ！　みんな集まれ！」

集まってきた社員を前に会長は、「ISOを取っておきながら、これで環境マネジメントができてると言えるのか」と大声で叱り、社員全員に掃除を命じた。

清掃は、生産を停止してまでもやるだけの価値があることを身をもって社員たちに示したのだ。

後にも触れることになるが、**トップは環境整備に向けて、目標を定め方針を決めた**

らブレてはいけない、という原則を見事に実践してみせた事例だ。

見られることによる効果

あいさつと3Sが何とか社内に定着しはじめたころ、それでも地域からは「何をやっているかわからない企業」と、ダーティなイメージは払拭《ふっしょく》できなかった。プラントを屋根で覆《おお》ってからは、「何かまずいことを隠《かく》してるんだろ」という心ない声も聞いた。

「産廃業者が社会から理不尽《りふじん》なバッシングを受けるのは、知らないことからくる不安ではないか」と考えた社長は、「それなら工場見学をしてもらおう」と決断した。

社内では、「やめた方がいい。見学に来るのはどうせ、環境団体ばかりで、また悪い噂をたてられる」と消極的な意見が多かったが、社長はプラントの建屋に2億円を投じて見学通路を作った。ある種の賭《か》けでもあった。

案の定、最初の年は取引先数社と環境団体がたまに偵察《ていさつ》に訪れる程度だった。しかし、やがて地域の人たちも訪ねてくるようになった。排煙の出る焼却は一切おこなわず、地下水汚染につながる水はまったく使わない同社の環境に最大限配慮したプラントへの理解は深まっていった。

選別機、破砕機《はさいき》、そして破砕選別された処理物を比重選別する比重選別機のラインを通して、ビルを壊《こわ》したコンクリートから砂と砂利を製品として生み、廃材はボードや段ボール材料に生まれ変わる。社会に必要なリサイクル事業に真剣に取り組んでいる姿勢に、やがて見学者から「大事な仕事なんだね。実際に見てよくわかった。がんばって」と、励ましの声がかかるように変化していった。

見学者受け入れによって、地域、社会の産廃事業への理解が深まるとともに、外からの目を入れることで、社内に適度の緊張感と充実感がもたらされたのだ。

さらに高みを目指すための「仕組み化」を指導

ここまでの取り組みだけでもＴ社の改革は大したものである。

１．荒廃した職場を変えるために掃除（整理、整頓、清掃）、挨拶を徹底させ、職場環境を整える。

2．事業のムダ取りを進め、作業の効率化を図る。

3．社長自ら、「生まれ変わるためには、徹底してやるしかない」との固い信念のもと、率先して社内を巡回し、巡回指導報告書を通じて、改善を徹底する。

しかし、ここまでの取り組みは、先代社長のカリスマと二代目によるトップダウンの指導の成果でもある。

改革着手から10年が過ぎたこの段階で、私は要請を受けてT社の指導に入ったのだ。現地を見て、産廃業者と思えないほどの清潔さを確認した。そして社長から10年間の戦いのドラマを聞き取りした。そして私はT社長に言った。

「今まで素晴らしいリーダーシップを発揮してきましたね。次は社員ひとりひとりが環境整備に自発的に取り組むボトムアップの仕組みを導入しましょう。それはやがて御社の企業文化、社風として定着し、上からガミガミ言わなくても社員が楽しみながら、日々の実践をおこなうようになります。そうなれば、社長は本来の社長業務に専念できます。

正直な話、環境整備に力を入れている会社でもダメな会社があります。事業経営はこれだけやっていれば大丈夫という甘いものではありません。社長はぶれない理念のもとで環境整備に取り組みつつ、時代の流れを読み、会社の方向性を定め、戦略を立て、目標を達成するための戦術も駆使《くし》しなければなりません。

しかし環境整備ができていない会社の社員に、いくら理念や戦略を説いても意味をなしません。それは土台がしっかりしていない地盤に、どんなに素晴らしい建物を建てても、いつか傾いてしまうことと同じです。そんな建物は地震など外部から大きな力がかかると一気に倒れてしまう。つまり環境整備とは会社の土台をしっかりつくる活動なのです。環境整備に熱心できれいな会社でもダメな会社があると言いましたが、汚い会社にいい会社はひとつもありません。例外的にあったとしてもその繁栄は長くは続きません。いつか必ずおかしくなります。なぜなら汚い会社は、問題を先送りにしたり、人のせいにしたり、まあこれでいいやとすぐに妥協する体質を本質的にもっているからです。こういう規律のない会社は絶対に生き残れない。

だから、まずはしっかりした土台をつくりましょう。そうすれば、今は無名の会社であっても、いつか日本中から注目される企業になれるはずです」

こういう経緯で、私はT社に全社員で取り組む環境整備の仕組みの導入を提案し、T社の社員教育プログラムのT技塾で全社員に環境整備を伝えるとともに、現場リーダーを月に1回、環境整備士講座で指導し、現在にいたっている。

具体的にどういうことをおこなったかについては、第Ⅱ篇で解説するが、現在T社は、近隣の小中学校の環境をテーマにした社会見学を含め、子どもから大人まで多くの人が見学に訪れるようになっている。

毎月平均500人訪れる見学の効果は絶大で、社員たちは毎週のように訪れる見学者に、「よし明日は大事なお客さんが見にくるぞ。みっともない所を見せられないぞ」と、環境整備を楽しむようになっている。

ダイオキシン騒動当時、25億円だった売上もその後、順調に伸びている。焼却事業からの撤退を決意したときは売上ゼロも覚悟したが、現在は売上41億円へと成長した。一時は10数人にまで落ち込んだ社員も、130人に増え、若い二代目女性社長に率いられて、仕事に自信と誇りをもち活き活きと働いている。

すべては、トップダウンによる、挨拶の励行《れいこう》と掃除という社内の意識改革から始まった。そしてそれを習慣化し仕組み化することで、環境整備は、規律ある社風、企業文化として根づき、共通の目的をもった社員たちによって自発的に前向きに取り組まれることになったのだ。

T社長の挑戦はこれからも続く

しかしT社長の挑戦はこれで終わらない。

同社の周辺は広大な雑木林《ぞうきばやし》が広がっている。かつては武蔵野《むさしの》の風情を醸《かも》しだし、地元の人たちが薪《たきぎ》をとりに入る入会地《いりあいち》でもあったが、次第に人の手が入らなくなり荒れるに任せていた。人の目が届かないことをいいことに、粗大ゴミ、産業ゴミの不法投棄が跡を絶たなかった。

「われわれの取り組むリサイクル事業と同じで、この雑木林《ぞうきばやし》は貴重な社会資本なのではないか。これを生かさない手はない」と、T社長は周辺の地権者に承諾を得て、その再生に取り組みはじめたのだ。

社内の環境整備が定着してくると、このように発想はどんどん広がっていく。

今では、東京ドーム3・5個分の管理敷地面積のうち、8割が里山《さとやま》公園、残りの2割に工場という森林工場に変身している。

企業のイメージアップだけを狙ってはじめたわけではない。地域の住民との継続的なコミュニケーションづくりが重要だと感じている。

「地域に受け入れられない事業なら続けても意味がない」と先代の父が言った言葉をT社長は、かみしめている。

周囲の環境と共生していくことが、子や孫の代まで、いやその先まで「やってよかった」と思い、引き継いでいける永続企業の必要条件なのだとT社長は考えている。

園内ではニホンミツバチを飼って少量ながらも蜂蜜を生産し、毎年、地域の住民を招いて夏祭りを開催、合わせて工場見学をしてもらい理解を深めている。

森づくりについても、「目指すなら最上位を目標にしよう」という基本姿勢でのぞんでいる。

そこそこの目標設定では、中途半端な結果しか出てこない。これ以上ない「無上位《むじょうい》」を目指してこそ、素晴らしい結果がついてくる。私が同社にかかわるようになってから、言い続けたのもそのことだ。

そして２０１４年1月、Ｔ社は日頃の掃除の実践が認められ、1年に1回おこなわれるお掃除の祭典である掃除大賞２０１４で、掃除大賞と文部科学大臣賞を受賞した。

その表彰式でＴ社長は環境整備のリーダーたちを壇上に上げた。壇上に立った彼ら全員の目には涙があふれていた。日本一汚いと言われていた会社が、日本一キレイな会社と評価されるようになったのだ。

〝環境破壊者〟として地域住民から非難を浴びた会社が、地域の環境の守り手として受け入れられるようになったのは、長い苦難の道のりだった。

現在、Ｔ社なら環境に配慮した仕事をしてくれるだろうと、他社よりも値段が高くても取引したいという会社が増えている。

話は口コミで海外にも広がって、開発と環境保全のはざまで悩む中南米の途上国10か国の大使も見学に訪れている。Ｔ社の好循環はとどまるところをしらない。

異物混入事件が招いた、職場の暗くて重い空気感をなんとかしたい——M農園（食料品製造）

世界一の製品は世界一の環境から生まれる

西日本のミカン産地で高級ミカンジュースを出荷するM農園から相談の電話がかかった。

「ホテルに納入するジュースで異物混入トラブルが起きた。対策を取って製品に万全を期しているのだが、取引再開後も、これで本当に大丈夫なのかと疑心暗鬼《ぎしんあんき》が続いている。今村先生の指導にかけてみようと思う。会社で取り組む環境整備の方法についてアドバイスを欲しい」

私は早速、現地の工場に出かけた。

M社長は、「世界一のジュース作りに人生をかけている。製品には自信がある」と熱い思いを語った。飲ませてもらったジュースは、たしかに素晴らしい味で、社長の自信が理解できた。

しかし工場を見て私は忠告した。

「社長が世界一を目指す意気込みはわかります。しかし、世界一を目指すには、工場にも世界一の環境が絶対に必要です。この工場が果たして世界一にふさわしい環境にあるでしょうか？　環境整備も徹底して世界一のレベルを目指すべきです」

工場とはいえ、元はといえば農家の土間の作業場だ。どうしても土の汚れがつきまとう。たしかに、同農園の工場はきれいに清掃が行き届き、片づけられていた。しかし私は、物足りなさを感じたのだ。

ショックが走った商品クレーム

M農園では、祖父の代からミカンを育ててきた。父親の代まで農協に果実のまま卸していたが、当時、卸値はキロあたり90円で経営は苦しかった。

三代目のM社長は、「このままでは苦しくなる一方だ。なんとか変えたい」と、ジュースに加工して直接、消費者に届ける直販に取り組んだ。21歳からはじめた事業は順調で、工夫を重ねて味と品質を高め、「天然ミカンジュースの価値をわかるところとだけ取引する」をモットーに、１万件の個人通販客を確保するまでになっている。

家族中心の従業員10人ほどの家内工業だが、キロあたりの単価は２４００円と、ミカンを単体で卸していたころの27倍となった。

M社長の目標は「世界一のジュースを作り、消費者に満足を送り届ける」だった。味が評判を呼び、東京の名だたる外資系のラグジュアリーホテルから声がかかったのが数年前。10人のトップシェフたちに厳しく酸味と甘みをチェックされ、試作を１００回も繰り返し、取引が決まった。

「世界一流のホテルに認められた」

事業は順風満帆《じゅんぷうまんぱん》と思われた。ところが、

「納入されたジュースに異物が入ってるぞ！　どうなってるんだ！」

新天地を開いたはずのホテルからクレームの電話が入った。

機械、工程を徹底的にチェックした。半年ほどかけて異物が入り込みそうな所はすべてチェックした。従業員には、口うるさく製造後の製品チェックの徹底を指導した。

「ちゃんとやったか」「それじゃだめだろう」

できる限りの改善策は取ったつもりだが、本当に大丈夫か自信がもてない。製造工程でフィルターをかけて異物を除去することもやってみたが、味が落ちて薄くなってしまう。それでは自慢で人気の「Ｍブランドのジュース」の品質が保てなくなる。先が見えない焦《あせ》りからイライラが募《つの》る。トップのイライラが従業員を指導する口調にあらわれる。指導というより叱責《しっせき》になる。

「もっとしっかりやれよ」

疑心暗鬼《ぎしんあんき》によるイライラが、従業員にも伝染する。「やってますよ！」と反発につながる。製品チェックに１日の半分を費やし、社内全体が暗い空気に包まれた。当然のことに生産性は落ち、売上も急減してしまった。

究極の環境整備に目覚める

「この作業場は世界一の環境だと自信をもって言えますか」と問いかけた私は、例を挙げて社長に説明した。

私自身が関わってきたあるボクシングジムでは、次々と世界チャンピオンを送り出しているが、たまたま優秀な逸材が集まったからではない。それは、世界一のトレーニング環境と世界一の指導のたまものなのだ。

また、ある一流モデルも、居室を常に肌に最適な湿度の60％に保ち、玄関とリビング、寝室でアロマを使いわけるなど、24時間、最良の環境づくりに努力している。その、これ以上はないという「**無上位《むじょうい》の環境づくり**（第Ⅱ篇で解説）」があればこそ、一流でいられるわけである。ただ生まれついての容姿がいいだけでは一流のモデルにはなれない。

環境整備はそうしたもので、「この程度でいいだろう」という取り組みからは、生まれる結果も「この程度」で終わってしまう。70％でよしとしてしまえば、70％の結果しかついてこない。つねに「これ以上はない」という「無上位《むじょうい》」を目指し続けることがカギを握っている。

なぜ私がこの「無上位《むじょうい》」にこだわるかについては、後で詳しく解説するが、M社長は私の指摘に感じるところがあったのか、猛然《もうぜん》と環境の改善に乗り出した。

目標は早朝の伊勢神宮

Ｍ農園で工場内の掃除をしていなかったわけではない。しかし、一般に清掃というと、「ゴミを片づけて汚い所をきれいにする」と受け止められている。それはそれでやらないよりはましではある。だが、本当の掃除とは、不浄《ふじょう》を祓《はら》い、清浄《せいじょう》な空間をつくることにある。

神社への月次参りをつづけていた社長は思い当たることがあった。神社では祓《はら》いにはじまり祓《はら》いに終わる。そして清浄《せいじょう》な空間が保たれる。日本人が脈々と受け継いできた「お浄《きよ》め」の精神文化である。その神域に近い雰囲気を会社の中につくれないだろうかと考えた。

２人で話しあううちに、それなら、目標は伊勢神宮の境内《けいだい》、しかも参拝客が訪れる前の早朝の清々《すがすが》しいあの空間を目標にしようと、ベンチマーク（指標）を設定した。

具体的には、無菌状態を保つため徹底して汚れ排除に神経を使う製薬会社よりきれいな製造工場をめざす。必要なもの以外は何もない、アップル（Apple）社の製品を販売するアップルストアをイメージすることにした。

汚れが目立つホワイト工場へ

汚れを見えなくするのが掃除の極意だと誤解する向きがある。それで床や壁を暗色にする。目立つ資料や道具をロッカーにしまいこんで、よしとすることになる。

しかしM社長は、「逆に汚れが際立つようにすればいいかもしれない」と逆転の発想で考えた。汚れを目立つようにすれば、どこでどんなゴミが入る可能性があるのかがわかる。わかった問題点を改善していけばいい。

作業を落ち着いてできるようにと緑色に塗っていた床や壁を白色に塗り替え、掃除が徹底されているかを一目瞭然で確認できるようにした。排水溝も白色にして、工程の最終段階でどういうゴミが流れ出ていくのかを把握できるようにした。

M農園では職場の白色化を徹底した。製造機械を白色塗装しただけでなく、荷を運ぶフォークリフトもメーカーに特注で白色にした。床に接触し塵埃《じんあい》を吸着しやすいタイヤももちろん白く塗った。その徹底ぶりに、状況を視察しにきた取引先のホテルや銀行の関係者も目も見張り、驚くほどだった。

汚れや作業工程で異物が侵入する可能性が、だれにでも一瞬にしてわかる仕組みに変えたのだ。

いつしか、地域住民もＭ農園を「ホワイト工場」と呼ぶようになった。

それまでは、「不良品を出さないように製品チェックを徹底しろ」「掃除は完璧に」と上からの目線で指示するばかりで、社内にはびくびくした雰囲気が蔓延《まんえん》していたが、これも変わった。社長が率先して、汚れない環境づくりを進めた結果、命じなくても皆がすすんで汚さなくなる。言われなくても汚れに対して敏感になっていった。

出たゴミをどう始末し対処するかではなく、ゴミを出さなくなった。

ゴミが出なくなり、それまで工場の床に敷いていたゴミの吸着マットも必要がなくなり、取り外した。

原材料を持ち込む農家にも、汚れに注意するように協力を求める。勉強会を開いて、Ｍ農園のポリシーを共有してもらうことに努力した。

それまでは、製品は本当に大丈夫か、異物は完全に除去されているかと疑心暗鬼《ぎしんあんき》に陥り、最終工程での製品チェックに重点を置かざるをえなかったが、ゴミがない、という環境が整備され、異物チェックの要員もいらなくなり人件費も軽減されることになった。

土まみれのイメージが強い農家の土間が、最先端デザインで注目のアップルストアかと見まがうばかりの清浄《せいじょう》な空間に変身したのだ。

改善は波及する

工場の劇的な改善で従業員の積極性が喚起《かんき》されると、さまざまなアイディアが従業員から生まれてくる。これまで1種類のジュースを大量につくっていたが、お客様のさまざまなご要望にこたえるため、みんなで知恵を出しあい、改善を繰り返して多品種少量生産を実現した。この生産の進化はM農園の可能性を広げる大きな足がかりとなった。

さらに事務スペースも改善の余地ありと言い出した。片づけの習慣がついてくると、次々と知恵が出てくる。

社長は、事務所の理想を、わかりやすく「寿司屋のカウンター」にたとえた。

普段は何もないけれど、必要な時には握り、徳利《とくり》、あがりの湯のみが出てきて、食べ終わると片づけて何もない。そんな空間を目指す。

事務所の机の上には何も置かない。朝出勤して必要な書類を取り出して、退勤時にはすべて元に戻して、何もない机に戻る。

ここまでは当然だが、誰言うとなく「ロッカーは要らないんじゃないか」となった。壁ぎわのロッカーに押し込めていた不要な書類を整理して必要なものだけ残してあとは捨てる。目の届かない天板《てんばん》部分にほこりが溜《た》まりやすいロッカーを廃棄《はいき》する。必要な書類は、分野ごとに箱に収める。ロッカーが占めていた壁際のスペースに収納棚を取り付けて、箱ごとに収める。

ロッカーの扉に隠れていて片づけた本人以外にはわかりにくかった必要な書類、用具の所在がだれにでもわかるようになる。机の一角を占領していたプリンターもオープンな棚に収めてすっきりした。

窓際でパソコン作業をする女性から、「画面に外の光が映《うつ》り込んで見にくいのでなんとかならないか」と改善要望がでる。そこで壁に障子《しょうじ》を入れ、やわらかな間接照明を取り入れることにした。

その障子も桟《さん》がむき出しではほこりが溜《た》まって掃除が面倒だ。これも障子《しょうじ》の両面に紙を貼ることで桟《さん》を隠し、解決した。

こうして欲しいとの要望を聞いて、専門の設計士に丸投げして図面を引いてもらっても、出来上がりにがっかりすることも多いだろう。改善の要望が具体的に表現されないと伝わらないのである。

M農園では、改善要望があると、社長と従業員で徹底して「どうすればいいか」を話し合う。収納棚にしても、窓の障子《しょうじ》にしても「こういう形に」と具体化して、知り合いの工務店と相談して、満足する形が安上がりに生まれた。

こうした「可能な限り自力でやる」という発想は他にもある。ジュース製造機械も機械メーカーから買うとなると1千万円は下《くだ》らない。ところが、そんな金はなかったM農園では、ジュースづくりの作業手順を考えて板金屋の友人と相談しながら工夫を重ね、わずか35万円で自作してしまった。この機械は使い勝手がよく、今も現役だ。

以上のような、金をかけずに知恵を出すというのは社長の特技で、それを実践しているると、従業員もその発想法を真似るようになる。社員は社長の背中を見ている。「社長が身をもってやって見せれば、下はついてくる」のだ。

環境整備が生み出す「その先」のアイディア

改善のアイディアはいくらでも湧《わ》いてきた。「もっといい職場をつくろう」という、社長と従業員の積極的な意志が重要だ。

問題が起きる。問題の根本原因を突き詰めて解決策を導く。環境整備の効果は、オーダー受注システムの改善にまで及んだ。

１万件の個人客の管理と受注はパソコンでおこなっているが、こんな残業トラブルが起きた。

電話で注文を受ける。名前を聞いて顧客名簿のページを開いて注文書に書き込むが、そこから発送のための伝票発行や同封する納品書などを準備し終えてようやく受注完了となる。

受注のための電話オペレーターは常に３人で対応していたが、お中元、お歳暮の繁忙期になると、ひっきりなしに電話が入り、臨時オペレーターを２人雇っても普段の

4倍ほど忙しくなる。溜《た》まった発送伝票打ち出しの作業が夜中の2時、3時までかかることもある。

すると「若い娘を夜中まで働かせてどういうつもりなんだ。早く帰宅させて欲しい」と、親から抗議の電話が入る。

作業を翌日にずらそうと思っても、翌日はまた殺到する注文電話の対応に追われ、発送作業はどんどん遅れてしまう。さて、どうしたものか。

高齢化が進む地方で若い人の採用がままならない中で考えあぐねていたM社長は、ファーストフード店のレジ方式を見てひらめいた。店員はタッチパネルで注文をその場で打ち込む。と同時に厨房《ちゅうぼう》に情報が伝わり、伝票も即座に打ち出されるではないか。「これだ！」。コンピュータに覚えがある社長は、自らプログラムを組んで受注作業を効率化するシステムを組み立てた。

「Aの商品を10本」と電話で注文を受けると、新規の客なら配送先や住所を聞いて、商品コードと「10」を打って、ＯＫボタンを押すと同時に配送伝票がプリントアウトされるようにした。常連客なら、名乗らず「いつものを10本」と注文された時点で、かかってきた電話番号から顧客情報の画面が自動的に検索されて表示されるので、前回に注文を受けた商品の項目をクリックするだけですむ。

残業の必要がなくなっただけでなく、簡単な作業なのでオペレーター以外の従業員のだれでも電話受けを交代できるようになった。作業手順は10分もあればだれでも覚えられるから、繁忙期にスポットでパートを雇うことも可能だ。

環境整備はよい作物をつくるための土

環境整備の導入、掃除の実践というと、世の経営者はとかく作業効率の追求と安全衛生面の問題に極言してとらえがちである。

しかし、この例でわかるように、整理、整頓、清掃、清潔からはじまる環境整備の効果は、「掃除」という何でもない身の回りの一事が習慣づけられることによって、実は、柔軟で工夫する心に富んだ積極的な社員づくり、社風づくりにつながっていくことを見てほしいのである。

なぜそうなるのかは、章をあらためて詳しく説明していくが、簡単に触れておくと、こういうことだ。

散らかった汚い机の上を常に片づけておくと、作業のためのスペースが生まれる。同様に、環境整備を実践し習慣づけることで、「汚い」「散らかっている」ことに対処するために忙殺されてきた頭の中の脳にもスペースが生まれるということだ。そして、できたスペースに新しい情報が入り、新しい発想が生まれる。

環境整備は、人を変え会社を生まれ変わらせる力がある。「人づくりの術」といっていいのだ。

異物混入事件をきっかけに取り組んだ環境整備の効果を経験したM社長は、自らの体験をふり返ってこう言う。

「よいミカンをつくるには、よい土でなければいけない。企業経営も同じことです。土が腐ると人も商品も腐ってしまう。環境整備は企業の土づくりだったんですね」

生まれ変わったM農園を訪ねるたびに感じることがある。小さな職場だが、働くみんなが和気《わき》あいあいとしている。しかしその職場の空気の中に「世界一の品質のジュースをつくる」というピーンと張った高い基準を感じることができる。

過疎化が進む地方の一農家だったＭ農園は、たった10人足らずで掃除から始める環境整備に取り組み、六次産業化に大成功した事例として貴重である。

※六次産業化とは、第一次産業の農林水産業が、食品加工、製造・販売にまで業務を拡大し、展開すること。

社員一人一人の仕事の効率を上げたい——R銀行（金融業）

こんなに書類とハンコがいるのか

西日本の第二地銀、R銀行のJ頭取は経営苦境の中で就任した。行員の不祥事《ふしょうじ》が相次ぎ、立て直しにやっきになっているところへ、リーマンショックが襲《おそ》い、業績は悪化して前頭取が辞任した。

私の銀行時代の同僚が、業務改善に取り組むJ頭取のもとで常務に就任し、「知恵を貸してほしい」と私に相談が持ちかけられた。

「行内のムダを省いて、行員一人一人の仕事の効率をあげたいのだが」というのが、面談したJ頭取の依頼だった。行内の整理整頓、ムダな書類の処分からはじまった私の指導は、いきおい業務のムダ取りに向かった。

J頭取は、支店長時代から、銀行という職場のムダの多さを痛感していた。何にでも書類とハンコが必要で、行員たちはその事務処理のため夜遅くまで残業する。窓口が閉まってからが本業のような様相だ。残業でへとへとになって本来の営業業務に専念できない。「本末転倒ではないか」と考えていた。

私も銀行員経験があるからわかるが、銀行は書類を残すことが大事な仕事ということになっている。書類づくりが銀行業務の常識、当たり前でさえある。その膨大《ぼうだい》な書類が本店、支店の金庫を埋めている。決裁書類も支店長代理がハンコを押して、次長が押して、部長、支店長、役員、頭取が押していく。

「徹底した業務改革」を打ち出したJ頭取のもとで、行内の「掃除」からはじめた。本当に必要な書類なのかを判断させて、要らないものをどんどん捨てさせることからはじまった。

先にも述べたが、改革の第一歩は掃除からはじめるのが環境整備である。モノの整理整頓をし、仕事の整理整頓をして、ムダな仕事時間を排除したあとで、ヒトの配置を変える必要があるなら変える。多くの社長はそれをやらずに、いきなりヒトに手をつけようとするがそれは順番が違うのだ。

話を戻すと、R銀行では印鑑も、朱肉に押して紙に押していたが、この2段作業をスタンプタイプの簡易印鑑に切り替えたら、わずか数秒だが時間が節約される。小さいことのようだが、処理量が膨大であるからこそ時間の節約効果も大きい。

この押印《おういん》問題も、さらに押し進めてインターネットを利用した社内稟議決裁を導入した。事務のデジタル化でいちいち書類を回す手間が省《はぶ》けることになった。

これによって、書類の多くも支店に置いておく必要がなくなる。支店の金庫室はからになった。膨大な事務作業の多くは本店で一括処理することになり、負担が軽減された支店の行員は窓口業務、営業に専念させる。

同行では新規店舗には書類保管用の金庫を設けない。銀行には金庫がつきものという常識を覆《くつがえ》し、〝金庫レス銀行〟が誕生したのだ。

「不要なものをなくす」ことが整理・整頓の基本なのだ。そこから新たな発想が生まれてくるのだ。

残業時間を減らす

銀行の窓口は午後3時に閉まる。事務処理を本店の一括処理に踏み切ったとはいえ、支店にも必要な会計処理がある。窓口閉店後に一般には見えない戦争の時間帯がはじまる。５年前まで同行の平均退勤時間は午後8時だった。

掃除を通じて常にムダな書類を処分していく習慣がつくと、平均退勤時間は7時32分になり、４年後には、ついに6時48分になった。7時までには頭取、支店長以下、だれも行内に残っていない。

当時、頭取に「これで限界ですかね」と問いかけると、「いや、本来の退勤時間は午後5時半だからね。究極はそれを実現したい。その時間までに帰れる仕組みと方法を考えるのがわれわれの役割」とさらなる意欲を見せた。現在では平均6時半になっている。

これによって時間外給与は年間約４千万円の節約となった。時間の節約はコストの節約なのである。

「モノ、時間の整理・整頓」から「仕事の整理・整頓」へ

モノが整理され、時間が空《あ》いたとしても、顧客へのサービスが低下したのでは意味がない。働く環境がよくなっただけでは、あくまで内向きの改革でしかない。

頭取は、「モノ、時間の整理・整頓」に続いて、「仕事の整理・整頓」に手をつけた。モノを整理整頓してムダ取りをした結果、得た時間で、どうすればお客様の銀行に対する期待に応えられるか。「お客様目線での改革」を行員に指示した。

銀行というところは不思議な所で、通常の商売と常識が逆転している。客が預金を預けるということは、預金者は銀行にとって資金を貸してくれるお客様であるはずだ。融資先は、お金を貸しつけることで金利をいただくのだから、やはり大切なお客様だ。ところが、多くの銀行は「金を預かってやる」「貸し付けてやる」と、上から目線がまかり通っている。

たとえば、両替するにも、住所、名前、電話番号を書かせて当たり前の顔をしている。公共料金の振込でも、コンビニへ行くと、バーコードを読み取るだけで瞬時に済むが、銀行では、いちいち伝票を書かされる。銀行の常識には顧客意識が欠如しているのだ。

顔見知りの預金者でも、間違えて違う印鑑を持ち込むと、「これでは手続きできない」と、家まで取りに行かせる。

同行では、２人以上の行員が本人を確認できれば、印鑑なしで手続きを進めるようになった。地元密着型の地方銀行の利点をサービスに生かしている。

銀行で、手間がかかるとお客様の不満が多いのが相続の手続きである。数百円の通帳残高を相続するにも相続人の戸籍謄本《とうほん》を求める。葬儀費用の引き出しもなかなか容易ではない。これも、信用できるお客様と判断すれば、１００万円以内なら書類なしで出すように変更した。

面倒な相続手続きの相談にも、本部にスペシャリストを集め、支店に来たお客様との間でテレビ電話で丁寧に相談に乗り、スピードアップを図っている。

住宅ローンの申請も審査に時間がかかるものだが、同行では、３日以内に結論を出すことを原則にしている。あくまで「お客様目線」での対応が定着した。

環境整備の習慣化は社風づくりにつながり、企業文化として定着する

掃除からはじまった業務改革で、行員たちの残業は大幅に減ると同時に、業績も大幅にアップすることにつながった。数字がそれを裏づけている。

リーマンショック時に50億円を越えていた赤字は、J頭取就任の初年度に14億円の黒字を出し、今では黒字は40億円となっている。

残業時間が減っていったことは先に触れたが、反比例するように業績を伸ばしている。銀行の体質を示す預かり資産残高、住宅ローン残高、預かり資産手数料の伸び率は全国の地銀106行中の1位となった。

環境整備の効果は決してあなどれない。入口の整理・整頓・清掃の効果は、すぐに目に見える。みんなで掃除をしようとはじめれば、きれいになった、いい気持ちになったというのは半年で味わえる。

しかし、そこで手を抜くと、停滞が始まる。

R銀行に見るように、それを3年、5年と継続し、習慣化することで、環境整備の効果は、業務のムダの見直しという、次のステージの永続する改革につながり、飛躍的な発展をもたらすことがわかる。

そのためには、目標を明確に見据えてぶれずに環境整備を継続する、トップのゆるぎない継続する強い意志とリーダーシップが不可欠なのだ。

会社の軸になるものが欲しかった――F美容院（サービス業）

環境整備との出会い

Ｆ美容院は都内で開業して３年で２店舗を構えるまでになった。社員の美容師も当初の６人から18人にまで増えて、順調に業績を伸ばしていた。

30代の若いＦ社長は、経営に手応えを感じながらも、社員が増えるにつれ会社の軸になるようなものが欠けていると感じはじめていた。時間厳守や客へのあいさつなどの規律を社員に徹底させたいと思ってもなかなか難しい。

始業前の朝礼で、「元気に声を出しましょう」と指示しても、守られないで言いっぱなしに終わってしまう。たしかに、「元気に大きな声で」と指示しても「じゃあ、何デシベルの声で？」と問われると答えようがない。「頑張ろう！」だけでは何も伝わらないのだ。

数値的な基準が明確でない、言い換えると目に見える目標でないと徹底は難しい。

このままじゃ、売上が伸びているといっても、いずれ行き詰まるだろうと感じはじめていた。

そんなころに、F社長は父親から、「今村先生の環境整備の話を聞いたが、何か参考になるんじゃないか」とアドバイスを受けた。

「環境整備？　それって何のこと？」

「まずは掃除を徹底することからはじめると社内の空気が変わるという話さ。いくつも実践例、成功例がある」

「うちは美容院だから、髪の毛が散らかっていては客は来なくなる。今も掃除はきちんとやってるよ」

「いや普通の掃除じゃないんだ。問題はそのやり方と効果だ。参考になるから聴きに行っておいで」

ということで、環境整備とは何か要領を得ないまま、しかし働くみんなで職場をきれいにしているお店ならつぶれることはないな、と思いながら、F社長は私のセミナーに参加されたのだ。

社内の抵抗勢力出現に悩む

整理・整頓で徹底してムダなものを処分し、職場を徹底的に磨き上げる。掃除を通じてみんなで共通の理想を追い求める。

私の話を聴いたF社長は「これだ！」と思った。セミナーから戻ると、社員全員に朝、始業前に15分、夜、終業後に15分、全員で徹底して掃除をやることを宣言した。

ところが一部スタッフから反発が起きた。抵抗勢力の出現だ。

「徹底的にきれいにしようといっても、どこまでやればいいかわからない」

「これまでと何が違うのか」

疑問をぶつけてきた。

若手のスタッフは素直に「やってみようか」となるのだが、中堅の、しかも他の店で経験を積んできたスタッフの反発が強かった。つまり創業当時のメンバーがこぞって反対に回った。

美容師業界というのは、徒弟制度の名残が強い。掃除は新入りが率先してやるもの、それが美容業界の伝統だ、われわれもそうして育てられたという思いが強いからだろう。

どうにかこうにか全員でやる掃除に慣れてきた。「口で説得するよりも、実際の効果を目に見せることが早道だ」。こう考えた社長は、私が指導する1週間集中しておこなう「環境整備7日間戦争（第Ⅱ篇で解説）」を時機をみてやろうと決意した。

「環境整備7日間戦争」のやり方は後で詳しく述べるが、職場の雰囲気が停滞したときや、店長が変わったときなどおこなうと効果的である。

業務時間が終わったあと、残業代を出して2、3時間、社員に残ってもらい、1週間徹底的にムダなものを捨てたり磨《みが》いたりして、7日間で1週間前とは見違えるようになった職場を全員で体験するのだ。

F社長は、この「7日間戦争」を絶対に成功させようと、ネーミングを「掃除大戦争」と変えて、周到に準備することにした。

若いスタッフには、環境整備を徹底して高いレベルを目指すことで、お店がどう変わるのか、どんなステキな未来があるのか、一人一人のスタッフにどういういいことが起きるのか、事前にわかりやすく話した。

腹心のスタッフには実施の案を考えてもらい、出てきた実施案に、社長は何度もダメを出した。

「ただ、徹底して掃除してキレイにするだけじゃだめなんだ。欲しいのは、うちらしさを打ち出して、みんなで楽しみながらやれる方法なんだ」

環境整備をはじめて４か月。こんな案ができあがった。

「よし、１か月後に戦闘開始だ！」

【磨《みが》き上げの乱】

○主旨　「無上位《むじょうい》に磨き上げる７日間」

○役割　将軍：各店代表

軍師：各店環境整備リーダー

勘定：各店経理

武将：各スタッフ

○実施日　某月某日

○内容　1日目 夜2時間「なくす・減らす」
2日目「水場の乱」
3日目「カウンターの乱」
4日目「材料・マツエクの乱」
5日目「厠《かわや》の乱」「鏡面台の乱」
6日目「出入り口の乱」
7日目「ラスボスの乱」

2日目から、
敵は汚れにあり！
5ブロックに分け
「楽しく磨き上げる」

掃除を楽しくゲーム感覚で

楽しく掃除を続けるために、ゲーム感覚を取り入れた。汚れを敵にした戦国武将ゲームに仕立てた。スタッフは汚れという敵を退治する武将だ。

タイトルは「磨《みが》き上げの乱」。毎日を「〇〇の乱」とネーミングして楽しみながら戦う雰囲気を盛り上げた。

時間は、初日が終業後の2時間で、あとは朝1時間、夜1時間とした。だらだらとやるのではなく、時間を区切り集中できるようにした。タイムキーパー役をおいて、「あと10分」「あと５分」の声がかかると戦いにいっそう拍車がかかる。

初日は、要るものと要らないものに区分した。

サロン内のあらゆるものを「使う」「時々使う」「迷う」「捨てる」の４つに分類して付箋《ふせん》をつける。要らないものは徹底的に処分した。必要なものも、保管場所を定位置にし、だれでもすぐにありかがわかるようにした。これが整理・整頓の入口、基本だ。

２日目からは徹底した掃除だ。きょうはここ、あしたはあそこと場所を限定して取り組むと効果が上がる。全員が武器（掃除用具）を手に汚れの敵に立ち向かった。戦いの最初の３分間の作戦会議をやると、やみくもに掃除にとりかかるのと違って、自然と役割分担をおこなうようになった。

はじめると、だれもが「もっときれいに」「うまいやり方はないか」と工夫をはじめて没頭する。まさにこれ以上ない「無上位《むじょうい》」を目指す意識が自然と生まれてくる。完璧だと見えても「まだまだ敵がいるよぉ」と、見えない部分の汚れを探しだしてくる。

ミラーと壁の間の隙間《すきま》からもゴミをほじくり出す。イスに上がって天井を磨きはじめる。チェアはひっくり返して分解して磨きはじめた。普段はブラシでこするだけの便器も、シャワレットを分解して隅々まで手を突っ込んで汚れをかき出した。だれもが自発的に夢中でワイワイとやる。

1日の戦いが終わると、社長が用意した報酬のお握りを全員でほおばり、広げた領土から討伐したゴミの戦果を報告し合う。

フェイスブック活用

F美容院の「7日間戦争」では、フェイスブックも活用した。戦い前、戦った後、戦闘模様の写真を添えて、「いいね！」の打ち返しがあると、達成感は2倍にも3倍にもなる。人に見られ評価される効果だ。

最終日、「戦闘終了」の声がかかると、スタッフ全員の顔は輝いて見えた。「ええっ、もう終わり？」「もっとやりたい！」の声も上がった。

当時のフェイスブックへのスタッフからの投稿を見ると、

「これまでメンバー全員で何かやることって今までそんなになかった。戦争中が一番みんな団結してるなあ、とここ数日思っています」(女性スタッフ)

「ラスト1日。日に日に掃除への取り組み方に変化がでていて、掃除への意識、知識、技術などレベルアップしていると思います。６日間の積み重ねでサロン全体がとてもキレイになっているのを見て感動しました。これからもみんなでやり続ける環境をつくっていきたいです」(男性スタッフ)

「掃除大戦争、楽しいです！　みんなでやるからもっと楽しいです！　ここをピカピカにしたら…ピカピカを持続したら…夢に近づける！　と考えながらやるともの凄《すご》くワクワクします。この気持ちが一人一人ずっと続くと凄《すご》い組織になります。未来が楽しみです」(女性スタッフ)

「見えないところまで掃除していると、物の本質的な部分を見る目も養われているなど思いました。これから美容師として、そして人間としてこの〝目〟を養っていけば、自分の夢も近づくと感じました」（新入男性スタッフ）

環境整備の取り組みは、社員たちに大きな「気づき」のインパクトを与えた。当初、違和感を感じていたスタッフも、抵抗感が消え、職場に一体感が生まれた。何かが変わっていくのを社長も実感している。

環境整備は人を育てる道

今、F美容院を訪ねてみると、いい空気感が漂《ただよ》っている。他の店との違いがわかる。スタッフのだれもが明るく、きびきびしている。楽しく仕事をしている雰囲気が漂《ただよ》ってくる。

「ムダのないシンプルなアップルストアのような店がベンチマーク」というF社長の理想に近づいているのは間違いない。もちろん、サロンには髪の毛一本落ちている気配もない。M農園のM社長もそうだが、F社長もアップルストアは憧れだ。

しかし変わったのは、そうした見た目の印象や雰囲気だけではない。

実際に業績も上がっている。１人当たりの月の売上は、勤務時間との見合いで上限とされる１００万円を、経験２年以上のスタッフの全員が達成している。これは業界平均の３倍である。

掃除の効果はスタッフのスキルを上げることにつながり、その評判が客を呼ぶ。整理整頓の習慣づけでムダのないスタッフの動きは、一人一人の生産性を上げた。

「コスト意識をもて」という社長の狙いに応えて、全員が、シャンプーはワンプッシュで幾ら、カラーリング液は１グラムで何円かを考えながら取り組んでいる。少しでもコストをムダにしないという意識を自分のこととして考える習慣が定着してきた。

そして２０１５年、全国美容院の覆面調査で、Ｆ美容院は美容スキル、ホスピタリティ、清掃など総合点で高い評価を受け、関東地区の代表となった。

同年秋の全国大会で、スタッフたちが、自分たちの環境整備を通じて得た成果を生き生きと発表した。

「サロンをピカピカに磨き上げた掃除を通じて無上位《むじょうい》への取り組みに目覚め、１人当たり100万円の売上を達成し、スーパーロイヤルカスタマーは1回8万円で年間18回も当店を利用してくれます」

お客様には効率を意識させない最高のサービスで感動を与えつつ、その実、徹底した効率化を図っている。その取り組みが高く評価され、全国準グランプリに輝いた。

「環境整備とは、究極の人材育成法なんですね」とF社長は経験を踏まえて言う。

会社の〝軸〟をさがしあぐねていたF社長は、掃除からスタートする環境整備を通じて、ひとつの社風、企業文化を築きつつある。

「美容院を足がかりに社員100人の衣食住にわたる総合ライフスタイル企業にするのが夢」と語るF社長。「1人の月間売上100万円で年商10億を目指す」と夢の目標は具体的だ。

夢は社長だけのものではない。掃除大戦争を通じて、「ピカピカを持続したら、夢は実現できる」と実感した社員一人一人のものでもある。

店舗数とアルバイトが多くて会社への帰属意識が薄い
――U社（マルチブランド・フランチャイジー）

マルチブランドの悩み

同じサービス業でもU社の場合、ちょっと特殊な業態である。

東海地方を拠点に、ファーストフード店、焼き肉、ラーメン店、居酒屋などの飲食業から、学習塾、福祉事業まで、それぞれフランチャイズチェーンの〝子〟として、東南アジアを含めて21ブランド、59店舗を多角的に展開している。社員１２０人、アルバイト１０００人を抱え、年商30億円を超える優良企業だ。

U社のような経営形態の場合、社員、アルバイトは、それぞれのブランドの従業員としての意識が強くなってしまう。本来採用されている会社への帰属意識の薄さは離職率の高さにつながりかねない。

また、新卒採用時にも社のイメージが各ブランドに隠れがちで、「いったい何をしている会社なのか」、学生にも伝わりにくく不利である。

社員に関しては、ジョブローテーション(戦略的人事異動)を実施して、社内の異業種間での人事異動を実施し、マルチブランドを展開しているU社の魅力を意識してもらえるように工夫してきたが、アルバイトとなるとそれも難しい。

「U社の理念、59店舗の共通の理念をつくり上げるにはどうすればいいか」

業績が伸び会社が大きくなればなるほど、U社としてのブランディング化が大きな課題として浮上してきたのだ。

環境整備を統一ブランドイメージに

U社では、私が出会う前から、環境整備の創始者ともいえるコンサルタントの一倉《いちくら》定《さだむ》先生の理論に共鳴し、経営のムダ取りに熱心に取り組んでいた。備品を定位置に置き、だれにでも取り出しやすくする。不要品は捨てるとの原則を徹底し、コスト軽減を図っていた。

また、デリバリー(配達業務)を伴うファーストフード店では、バイクやヘルメットをきちんと並べるように徹底させることで、事故率を大幅に低減するという実績を上げていた。

それをさらに徹底し、新規購入した備品でも２か月使わなかったものは捨てるようにした。当初は、ためらいがあったものの、不要品の選別廃棄は結果的に要らないものは買わないことにつながり、使う前に腐《くさ》らせてしまう食材のムダもほとんどゼロになった。

業態を越えて全社で清掃競争

U社ではさらに、業態の垣根を越えて、各店舗で共通のフォーマットで環境整備の評価を始めた。毎月、清掃、ムダ取りの成果を採点して、１位から60位までランク付けして競わせている。

そして下位評価の店の店長には、近くにあるベスト10店舗に出かけて、そのノウハウを探り学ぶことを義務づけている。

「なるほどすごい」と感じたら、その場面を写真に撮って店に持ち帰り、アルバイトに見せて何が違うかを検討し、対策を立てる。次の1か月で、上位店に負けない環境整備に反映させる。これによって、下位評価の店は確実に毎月レベルアップし、上位店舗もうかうかしていられないとなって、さらに努力することになる。

3年間続けた結果、始めたころの1位より、今の最下位の方が高いレベルにある。今やどの店をのぞいても、同業のどの店舗よりも清潔で整頓されている。注意すべき点は、この清掃作業は、勤務時間内におこなわれていることである。「時間外にやらされている」ではアルバイトは動かない。

さらに、同社では、各店舗の正社員がアルバイトの環境整備への貢献度を含めての評価をして、これはと見込んだ優秀なアルバイトを正社員候補に推薦する制度を併用している。「どうせ、俺は正社員じゃないから」と投げやりになりがちなアルバイトに、やりがいをうまく与えていることになる。社幹部の選考で推薦候補が正社員に登用されると、推薦した社員を金一封を添えて表彰しており、正社員側にも〝報酬〟が約束されている。

たんなる上からの押しつけの競争ではなく、こうした「仕組み化」を通じて環境整備を継続し成果を生み出しているのだ。

他店舗を見聞し交流する過程を通じて、店舗間の境を越えて、U社としての連帯感も芽生えてきた。会社への帰属意識が高まることによって、社員、アルバイトの定着率が飛躍的に向上したことはいうまでもない。

整理整頓だけでも素晴らしい実績を上げていたU社だったが、私は掃除の観点から、清掃、清潔への取り組み方を伝えた。整理整頓は生産性や効率性をアップし、業績をアップさせる。そのため、ほとんどの会社がここで満足してしまう。清掃、清潔に高いレベルで取り組むと質が上がるのだ。商品の質、サービスの質が上がる。これは掃除によって人の質が向上することに他ならない。

今ではU社は、社内の銀色の部分はすべて光り輝き、ガラスは透きとおる透明感で社内は明るい。モノをピカピカに磨いていたら、働く人の心がピカピカに光り輝いているのである。

環境整備には、継続することで、こうした目に見えない効果も生み出す力がある。

以上、業種の違う5社の環境整備の取り組み事例を挙げた。

5社の事例から、少なくとも環境整備は次の5点をあらわすことをご理解いただけると思う。

1. 環境整備は、会社の理念、社長の信念をあらわす。
2. 環境整備は、会社の基準の高さをあらわす。
3. 環境整備は、会社の規律をあらわす。
4. 環境整備は、会社のプロジェクトマネジメント力をあらわす。
5. 環境整備は、会社の継続力をあらわす。

第2章　「環境」と「習慣」を変えれば人は変わる

1．掃除の大切さを気づかせた不登校児教育

大学４年で脳梗塞《のうこうそく》に

　私が、掃除という行為に、人を前向きに変え組織を強くする力を感じ、個人には「動禅掃除道《どうぜんそうじどう》」を、法人には「環境整備」を指導するきっかけとなったのは、不登校児教育から取り組みはじめた学習塾経営の体験だった。その話をする前に学生時代のことを書いておく。

　大学受験では国立大学を目指し北海道大学に入学した。大学時代には少林寺拳法《しょうりんじけんぽう》に打ち込み、自分がキャプテンだった３年の時、北大チームが全国１位になった。多少うぬぼれていたかもしれないが、自分には、北大で一番大所帯の少林寺拳法《しょうりんじけんぽう》部で１００人もの部員を率いて指導し実績を挙げたキャプテンとして、誰よりもリーダーシップがあると思っていた。

　ところが、直後に突然、脳梗塞《のうこうそく》に襲《おそ》われた。通院で治療をはじめたが、ろれつが回

りにくいことが続いた。失語症になってうまくしゃべれなくなった。失語症はしゃべるのに不自由なだけでなく、人の話もうまく聞き取れなくなる。他人が話している声は音として聞こえるが、不思議なことにその意味をたどれなくなってしまう。

記憶にも影響を与えて、ひどい時には10分前に話していたことも覚えていないような状況になった。大事な約束をしても忘れてしまい、周囲に迷惑をかけることも1度や2度ではなかった。それで卒業を延ばし1年留年して闘病生活に専念することにした。

自分では、懸命のリハビリを続けていたのだが、周囲からは、さぼっているように誤解されてしまう。少林寺拳法《しょうりんじけんぽう》につきものの骨折ならギプスをはめて、あるいは怪我《けが》なら包帯を巻いて、傍目《はため》にも具合が悪そうだとわかるが、脳梗塞《のうこうそく》では病気だといっても外見からはわからない。

「なんだ、この間までキャプテンとして一所懸命に活動していた今村が、引退してからは寝てばかりだな」と親しい友人からも陰口《かげぐち》をたたかれる。

記憶に障害があるので、同じ話を何度もくどくどと繰り返すこともあったらしい。

自分では、なんとかしたいと思うのだが、自分の力ではどうにもならない。周囲からは、病気をいいことに何も努力せずにさぼっているように見られてしまう。よく言われることだが、精神的に病《や》んでいる人にとって「頑張れよ」という励《はげ》ましが一番つらいという。私も同じような思いを味わった。「もっと頑張《がんば》れ」と言われても、「これ以上、どう頑張《がんば》ればいいんだ」という思いも強くあった。

その時のつらい経験から、いずれ社会に出たら、私と同じように懸命に努力しようとしてもうまくいかない、自分ではどうしようもない悩みで苦しんでいる人たちを助けるような仕事をしたい、と漠然《ばくぜん》と考えていた。

銀行に就職

1年をかけて何とか通常の社会生活をおくれるまで回復したので就職することにした。最初は、いきなり、志望していた弱者の役に立つ仕事に就《つ》こうかとも考えてみた。しかし、当時の私にはあまりにも社会の常識がない。私がもっているのは少林寺拳法《しょうりんじけんぽう》を通じての体育会系での常識でしかない。そこで、まずは堅い会社でいろいろと学んでからでも遅くないだろうと思った。

というわけで、いずれ独立して会社を経営することになるので、経営を手っ取り早く学ぶには銀行がいいだろうと考えた。

世の中はバブルが崩壊して不景気風が吹き始めていたが、体育会系のクラブのキャプテンの経験があったから、企業からは引く手あまただったのは恵まれていた。

銀行といっても、一般銀行ではまずは窓口担当をやらされるから、経営を学ぶまでには時間がかかり過ぎる。そこで、ここなら入社後すぐにいろいろ学べるだろうと、平成7年春に日本長期信用銀行に就職した。

そこでは支店と本店の営業部で中小企業を担当した。担当企業と付き合いながら経営の実際というものをいろいろと学ぶことができた。

しかし、長銀は入行7年で3か所の持ち場を回って、ひととおり経験させるのが基本ルールだった。このまま銀行にいて、将来マーケットで円の売り買いを勉強させられるようなことになれば、自分がやりたいことから遠ざかってしまう。そう考えて、入行3年目に思い切って銀行を辞《や》め、学習塾を始めた。

手探りの不登校児教育

学習塾とはいっても、どうしても学校に行けない不登校児を対象に特化した塾を構想した。変わった塾だった。横浜駅近くに１ＬＤＫのマンションを借り、そこを自宅兼職場にして生徒の募集に動いた。

このころ、どうしても学校に行けない子供たちが、社会問題となっていた。学力はあるのに、朝起きられない。家族に励まされて登校しても周囲となじめず長続きせず、自宅に閉じこもってしまう。

引きこもりに悩む親は多い。銀行時代に中小企業の経営をサポートしていて、経営はわかったつもりだった。募集生徒のターゲットを絞り込んだ塾なら、学習塾激戦区の横浜でも、新たな需要を掘り起こせると、妙な自信で順風満帆《じゅんぷうまんぱん》のスタートを思い描いた。

「不登校児を教えます」の看板さえあげて募集をかければ、困り果てた親たちが頼ってきて生徒は容易に集められると考えていた。現実はそんな甘いものではなかった。親に付き添われて何とか塾にやってきた子も、次の日には姿を見せずやめてしまう。

そんなことが続いた。自信をもって開いた塾だったが、生徒は一向に増えない。生徒が思うように集まらないのだから、経営的にも苦しい状態に陥《おちい》った。

引きこもり生徒に共通する汚い部屋

やがて、学校へ行けず自宅に引きこもり続ける生徒たちに、ある共通項があることに気づいた。家庭を訪問してみると、引きこもっている子たちはほとんど、部屋が散らかり放題なのだ。散らかっているどころではない。椅子は倒れ、床はゴミで足の踏み場もない。その中に飲料水のペットボトルが散乱している。窓も開けないから空気も淀《よど》んでいる。まさにゴミ屋敷状態なのだ。

試しにある生徒の部屋を掃除することから始めた。

まず、部屋の入口から窓まで通れるようにゴミを片づけて通路をつくる。長い間、閉まったままだった窓を開け放つと、新鮮な外気が流れ込む。この瞬間はまさに部屋が生き返っていく感じがしたものだ。淀《よど》んだ部屋に生気《せいき》が吹き込まれるといっていい。

一緒にビニール袋にゴミを詰め込んでいく。散らかった部屋が片づくにつれて、何をするにも、物憂《ものう》い表情を浮かべていた生徒の顔に少しずつ明るさがさしてくるのがわかった。翌日、生徒はみずから塾へやってきた。

人格を否定し続けるゴミ屋敷のささやき

塾を始めたころは、やる気が失せて勉強の方法もわからない生徒たちに、目標を与えて将来の夢をもたせ、楽しく適切な学習指導をすれば結果が出るだろうと安易に考えていた。大学の少林寺拳法部《しょうりんじけんぽうぶ》でもそうやって、日本一という結果を現実のものにした経験に基づく自信があった。

人間は、「東大へ行きたい」とか「スポーツでチャンピオンになりたい」とか、最初に高い目標を見つけさせ、それに向けて計画を立てひとつずつクリアしていけば、おのずと行動も前向きに変わり目標は達成されるものだと信じてきた。

普通の生徒たちならそれでいい。しかし、不登校の子たちは、小学生のころから何年間もゴミだらけの部屋に引きこもり完全に自分への自信を喪失してしまっている。両親や周囲から、「頑張りなさい」「なんとか学校へ行ってちょうだい」と口うるさく言われ続けてきたに違いない。「なぜ部屋を片づけられないんだ。だめなヤツだ」と叱られ続けて育ってきた。

小言《こごと》をいうのは何も両親だけではない。片づけられない結果として身の回りに溜《た》まったゴミも、「だめなヤツだ」とささやき続ける。ゴミから吐《は》き出される全人格否定のささやきを消してやることだけでも、彼らには効果があるのだ。

意気込んで取り組んだ不登校児塾は、そういう経緯で図《はか》らずも掃除指導から始まった。

環境と習慣を変えることの大切さ

1人、2人と次第に生徒は集まりはじめた。その多くは、部屋が汚いのに加えて、挨拶ができない、約束を守らない、時間を守らない、宿題もやってこない。ないないづくしだった。塾へやってきても教室を散らかして帰る。もちろん姿勢も悪い。

「まず生活習慣から変えなきゃいけないぞ」と指導しても、ぼそぼそと小さな声で返ってくるのは、「無理」「できない」「ビミョー」と否定的な返事ばかりだ。

彼らは、汚れた環境の中で日々を過ごし、夢も目標ももてないでいる。環境を変え

社長だけのために書かれた手づくりの実務書

出版物のご案内

日本経営合理化協会　出版局

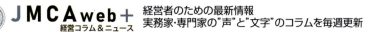

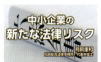

ないままで「目標をもて」と言っても何の効果もないし、「塾へ来い」と言っても来ない。それで、楽しい空間づくりを心がけた。学習指導もガミガミ言わない。みんなで一緒にテレビゲームをやれる環境をつくった。引きこもってきた彼らには友達がいない。彼らは、遊びながら、やっと居場所ができたと感じるようになった。

ある日、「今村先生の所に来ると楽しいけれど、家に帰ると親からまた、ちゃんと勉強しているのかとガミガミ言われる。朝起きるのも面倒くさいからもう来ない」と１人の生徒が言うのを聞いて、愕然《がくぜん》とした。こちらも生活がかかっているから、生徒にやめられては困る。「じゃあうちに泊まれよ」と、彼らをうちに泊め合宿方式で指導することにした。経営事情もあるけれど、生活をともにしながら、目の前の彼らと腰を据《す》えて向き合うことにしたのだ。

家で親から日々、否定的なことを言われ続けると、「自分はダメな人間だ」という思い込みから脱却できない。そんな子供たちを親から引き離す必要があると感じたからでもある。

こうして中学生、高校生から、不登校児に大学受験資格を与える大検の受験生まで、多い時には15人が狭いわが家に寝泊まりするようになった。

良い環境と良い習慣が、やる気に火をつける

「習慣と環境を変えないと人は変われない」というのが、私が彼らから学んだ一番大きな収穫だ。

彼らと一緒に暮らしながら、まず習慣を変えることからスタートした。学習指導は1時間ほど。何よりも先に消極的、否定的な口癖《くちぐせ》とか言葉、動作、表情、姿勢を変えることからはじめた。

考えてみれば、猫背でうつむいてまっすぐ座れず、暗い表情をして、何を問いかけても小さな声で「ビミョー」と消極的な言葉をつぶやいてばかりでは、前向きな考えが生まれるわけがないのだ。

そうした生活場面の習慣から改めていかないと、やる気も夢も生まれるはずもない。

「おはよう」の挨拶からはじめて、姿勢を正すために塾の椅子からは背もたれを外した。玄関先では脱いだ靴をそろえさせた。

朝も起きられず、暇さえあれば部屋の中で寝転がっているばかりで体を少しでも動かすのを億劫《おっくう》がった彼らに、「朝７時までには起きよう」と呼びかけて、ジョギングに誘う。

強制はしない。「ここでのルールだ」と伝えてやんわりと習慣づける。

腕立て伏せと腹筋運動もやらせた。目標回数を決めて、できると必ず誉《ほ》めながら徐々に回数を増やし、ゲーム感覚で楽しくやらせることに務めた。すると、やがて彼らはこの新しい〝ゲーム〟を競い合うように楽しむようになり、全員が腕立て伏せ１００回、腹筋２００回をこなせるようになった。

山本五十六《いそろく》語録ではないけれど、「やってみせ、言って聞かせて、させてみせ、誉《ほ》めてやらねば人は動かじ」。その言葉の通りだ。

こうなってくると、姿勢も口うるさく言わなくても、シャンとしてくる。表情から言葉まで次第に前向きに変わってくるのには驚いた。

私の塾に通う友人から「ぼくの塾、面白いから」と誘われてやって来た、不登校で18歳になるＩ君の場合は大変身した。

塾に来はじめたころのI君は体重が38キロしかなくモヤシのような子だった。何をするにも消極的で、何をやらせても続かない子だった。楽しみを教えようとゲームを一緒にやらせながら、塾に泊まり込ませた。そして朝のジョギングに参加させて、腕立て伏せ、腹筋ができるようになる。すると、最初は、「夢？ そんなのない」と投げやりだった彼に俄然《がぜん》やる気が芽生えてきて、「プロのドライバーになりたい」と将来の夢を語りはじめたのだ。

そして、塾から自動車教習所に通い運転免許を取得した。自動車に興味があるなら、と薦《すす》めた北海道の自動車関係の短大を受験して合格し北海道へ渡った。在学中にはソーラーカーコンテストで日本一になり、卒業式では答辞《とうじ》を読んだ。

良い習慣を身につけさせることで、埋もれていたやる気に火をつけたのだ。

塾経営から学んだ教訓

この経験は、環境整備の重要性を世に伝えることを使命としている今の私に大きな教訓を残した。

すでに触れたように、「**環境と習慣を変えないと人は変わらない**」という教育面の原則が、そのひとつだが、もうひとつは、「**良い環境と良い雰囲気ができると自動的に人は集まる**」という経営面の原則だ。

どういうことかというと、塾を開校したころの私は、「どうやって生徒を集めるか」とか、「どうスタッフを集めるか」とか、集めることばかりを考えていた。ところが、生徒たちにとっての環境を良くしたら、生徒は向こうから自然と集まるようになった。集めることに行き詰まっていたのが、集まる環境をつくることで乗り越えることができたのだ。

不登校児の教育を通じて、「集める」から「集まる」への発想の転換の重要性に気づいたと言っていいだろう。

これは企業経営においても同じことなのだ。経営者であるならば、「どうしてうちの会社は、優秀な人材が集められないんだ」と嘆《なげ》く前に、「優秀な人材が集まる環境」をしっかりと構築し、「今ある人材を教育し優秀な人材につくりかえる環境」をこそ考えるべきなのだ。

これが「**良い環境づくり**」と「**良い習慣づくり**」を軸にした、環境整備指導に関する今村メソッド誕生の原点となっている。

不登校児と普通の子の違い

生徒も順調に増え、横浜駅近くのマンションが手狭になったので、相鉄いずみ野線の弥生台《やよいだい》に賃貸物件を借りて教室を拡大した。

新興住宅地だけに、有名私立中学、高校受験から大学受験を目指す一般の生徒の比率が増えてきた。東大への合格者も増えはじめて評判を呼び、経営も軌道に乗ってきた。

一般の生徒にも、家庭訪問を繰り返して自宅での学習環境づくりを指導した。塾での学習指導だけでは、一朝一夕《いっちょういっせき》に成績が伸びるわけではない。自宅に学習に集中できる環境が成立しているかどうかが、成績に大きく影響を与えるのだ。それを見て回った。

「できる子は部屋が汚くても成績がいい」というのは、大きな誤解だ。東大の寮をのぞいてみても、たしかに汚くて散らかっている。しかし、汚い方が勉強がはかどるというのは間違いで、もしそうした優秀な学生が、きちんと部屋を片づければ、さらに成績は上がるのだ。

それは仕事でもいえる。経営者の中には、「今村さんは環境整備が大事だと言うけれど、汚くて散らかっている会社でも儲かっている会社は世の中にいっぱいありますよ。上場している優良企業で、社員が掃除するなんて話を聞いたことがないですね」

つまり環境整備なんかしなくてもいい会社はつくれるのだとおっしゃる方がいる。しかしそれは違う。大企業が環境整備に取り組めば、もっと儲かる強い会社になるはずだ。そもそも東大に入れる子や、大企業にスンナリ入れる人は先天的に平均より能力の高い人たちである。汚い環境の中でもそこそこ能力を発揮できてしまう人たちなのである。でも、そういう人たちが環境整備に取り組んだら、もっと生産性があがり、パフォーマンスをあげることだろう。しかしそういう人たちは全体の数％にすぎない。

主に中小企業で環境整備が必要なのは、そういう数％の能力の高い人を採用できないからである。

私の塾でも、能力の高い生徒ばかりではなかったので、机の上は全員、すっきりきれいにさせていた。家庭の勉強部屋も、家庭訪問して、親たちにそのことを強く指導した。

たとえば、すぐ手の届くところに携帯電話やゲームがあって、漫画本があってという環境を想像してみてほしい。そういう環境の中で、「勉強に集中しろ」と言っても、メールが来た、漫画も読みたいなとなって、集中するまでに、我慢とか忍耐とかが必要となる。集中のための努力にムダな時間を割《さ》くことになってしまう。

それなら、最初から携帯とか漫画本とかを目に見える視界から遠ざけておくことだけで、ムダなく勉強に集中できる。これは、不登校児でも普通の子でも同じことなのだ。ただ、違いがあるとすればこういうことだと、塾での両者の指導を通じてわかったことがある。

一般の生徒たちは、明確な目標設定があれば、それに向かって成績もどんどん伸びていく。逆にいうと、やる気を引き出すためには、そうした目標設定が必要不可欠なのだ。

ところが、不登校の子たちの場合は、目標があるだけでは伸びない。解法のテクニックを教えて伸びるのはできる子だけなのだ。不登校の子、落ちこぼれの子は行動の習慣、思考の習慣を変えていくことこそが必要である。日常の行動習慣を変えるだけで、どんどん変わっていく。やる気を引き出すことができるのだ。

それは、企業での仕事の場面でも同じである。社内で仕事のできる社員に対しては、目標を示し、良い結果について誉《ほ》め、悪い結果について叱ることが良い成果を生む。仕事ができない社員については、結果以前の行動を誉《ほ》めるとか叱るとかしないと伸びていかない。

できる人間は結果について評価し、まだできない人間は行動について評価することで人が育つのである。その行動習慣づくりに環境整備はぴったりなのだ。

人を変え、やる気を引き出すには、目の前のことに集中できる環境をつくることがいかに大切か。さらに、掃除と習慣化がいかに大きな力を発揮するか。

今、私が取り組んでいる企業の環境整備の基本を、学習塾経験を通じて私は会得《えとく》したことになる。

2．財団法人「日本そうじ協会」の設立

転機となった3・11大震災

そうするうちに、私の塾から東大合格者がどんどん出るようになって、成績を上げるためにまず学習環境を重視するうちの独特の指導方法が注目されるようになってきた。

すると、あちこちの企業から、「わが社の社員教育をしてほしい」と依頼が舞い込むようになった。また、塾生たちへの掃除指導の経験をもとに、一般の方を対象にした、「掃除のやり方」について講演、指導をする機会も増えてきた。

大きな転機となったのは、2011年3月11日に東北地方を襲《おそ》った東日本大震災だった。私は東京銀座であの日の異常なまでの揺れを体験したのだが、仙台の友人と連絡が取れなくなった。3日後にリュックに食糧を詰め込んで現地に向かった。

その時、10日間、被災地の避難所で過ごす経験をした。初めのうちは、何もかも津

波で流され、道路が寸断されて車がそこら中でひっくり返り瓦礫《がれき》が散乱する現地の悲惨な状況を見て、絶望的な気分に襲《おそ》われた。「これはもう、永遠に回復不能なのではないか」と。

ところが、10日間いるうちにも、まず道路が片づけられて、どんどん復興が進んでいくのに驚くことになる。横浜との間を何度か行き来したが、1か月経ったころには、津波の瓦礫《がれき》と土砂が片づけられ仙台空港に飛行機が飛びはじめた。

もちろん、表通りをのぞけば、まだまだひどい爪痕《つめあと》が残っていたが、「復興は片づけから始まるんだ」と実感したのだ。

その時、指導する不登校の子たちのことや、業績回復に悪戦苦闘する経営者の姿が頭をよぎり、「すさんだ心の復興も、会社の復興も、やはり片づけ、掃除から入らないとだめなんだな」と強く思うようになった。

この震災を機に、「日本中にもっと掃除と片づけの重要さを伝えないといけない」との意を強くし、財団法人「日本そうじ協会」を設立して理事長に就任し、全国の同じ志《こころざし》の仲間たちと、だれもができる掃除のやり方、掃除道《そうじどう》を伝える仕事に従事することになった。

そのため掃除の技術、ポイントをすべて体系化、標準化していった。掃除には約200の技術がある。それを系統ごとに分類すると4つの技術系統に分かれた。それが「整理」「整頓」「清掃」「清潔」だ。そしてこれらのひとつひとつの技術を理論で語るだけではなく、すべてを「理論」「スキル」「ワーク」「エピソード」で伝えられるようにプログラムをつくっていった。

掃除道は受講生を増やすことが目的ではない。指導者となるリーダーを育てることが必要だったため「誰でも簡単に修得できる」「誰でも指導できる」ようにするために標準化されたプログラムが必要だったのだ。

中小・中堅企業にこそ大きな効果をもたらす

「日本そうじ協会」の活動は、単なる掃除のテクニックの普及を目指しているのではない。プロのハウスクリーニング業者や家事代行業者の育成が目的ではない。

「掃除の啓蒙《けいもう》活動をし、生活文化の発展と産業の発展に寄与したい。より良い社会をつくりたい」。これが、協会設立の願いである。

私は、日本の伝統的な華道、茶道、柔道、剣道などと同じく、掃除「道《どう》」と名づけた。「掃除をする技術」と「良い習慣づくり」を学び、実践することを通して、より良い未来をつくる「教育メソッド」として考えているのだ。この基本的な考え方は、私が長年、学習塾で実践してきた掃除の驚くべき教育効果の経験に基づいている。

今では、北海道から九州・沖縄まで国内41都道府県とタイ、マレーシア、韓国、中国にも海外支部が広がり、活動は大きな広がりを見せている。

協会では、「掃除に関わる認定講師」を全国規模で増やすことに努力しており、そうしたネットワークを通じて掃除教育の輪が広がることを願っている。

協会の趣旨は政府の賛同を得て、２０１４年からは「掃除大賞」を設けて、掃除を通じて目覚ましい効果を上げた企業、個人を表彰している。

そうじ協会の活動として全国の主に中小・中堅企業を見て回るうちに、第１章で見たように、掃除から始めた環境整備が、会社と社員を驚くほど変えていくことを実感するようになった。

職場がきれいになって働きやすくなった、ムダを捨てることでコスト削減効果をもたらした、というのは当然のこと。しかし、本当に重要な効果はさらに、会社を変え、働く社員の意識を変えるという「教育効果」にこそあることに気がついた。

人材豊富な大企業ならいざ知らず、中小企業を経営する皆さん方は、「うちのような小さな会社には大した人材はいないから」「人材が集まらない」と嘆き、諦《あきら》めていないだろうか。

ぼやき、それを言い訳にしていても何も始まらない。難しい理論より、今からすぐに始められる実践の方法を求めておられる皆さんにこそ、環境整備の効果を伝えたいと考えるようになった。

信念をもって環境整備を説いた一倉《いちくら》定《さだむ》先生

環境整備という考え方を中小・中堅企業にもち込み、大きな効果をもたらした一倉《いちくら》定《さだむ》先生は、私が尊敬する方である。ここで、一倉先生のことに触れておきたいと思う。

一倉《いちくら》先生は、1918年(大正7年)生まれ、この年代に生まれた日本男子は太平洋戦争で戦火をかいくぐった世代である。一倉《いちくら》先生もその一人である。

戦後、経営コンサルタントになり、中小企業は社長次第で決まるという信念から社長だけを対象に情熱的に指導された方である。その指導内容は、「いい会社とか悪い会社とかはない。あるのは、いい社長と悪い社長である」「電信柱が高いのも、郵便ポストが赤いのも社長の責任である」という言葉がその特徴をよくあらわしている。

とくに空理空論で経営する社長や、社員のせいにする社長を、烈火《れっか》のごとく怒《おこ》り叱り飛ばし、徹底して「顧客第一主義」と「環境整備」を説かれた。

「環境整備」を指導されるようになったのは１９７０年代後半からだが、当時、経営学として「環境整備」を研究する学者もおらず、一倉《いちくら》先生以外に「環境整備」を説くコンサルタントもいなかった。

一倉《いちくら》先生から指導を受けた会社は、５千社といわれているが、「環境整備」の指導事例を２社あげてみよう。

はじめの事例は、首都圏で焼肉チェーン店を経営しているB社である。

当時、8店舗経営していたB社長は赤字に陥った会社を建て直したい一心で、人に薦められるままにいろんなセミナーに参加して勉強していた。そんな中、一倉《いちくら》先生に出会い、「この人だ！ この人に指導してもらいたい」と一倉《いちくら》先生に指導をお願いした。

1978年、当時人気コンサルタントとして多忙を極めていた一倉《いちくら》先生に「時間がないから」と断られても諦《あきら》めずに何度も「指導に来てほしい」と請《こ》い続けた。

願いかなって、やっと指導に来てくれることになり、1回目の指導で一倉《いちくら》先生がお店に到着し、車から降りてお店の自動ドアを開けた瞬間、ドアの溝にたまった汚れを見て、「飲食店ともあろうものが、入り口が汚いとはなにごとか！ 俺は帰る！」と怒《おこ》って、そのまま帰ってしまった。

それが1回目の指導だった。その日以来、B社長は環境整備に取り組むことにしたが、正直なところ、その時点では環境整備に対して半信半疑だった。店長からは「掃除はパートのおばさんの仕事です。社員に掃除させると辞めますよ。それでもいいんですか」と言われ、B社長自身も「掃除より赤字を何とかしたい。その方法を教えてもらいたいのになあ」という思いだった。

そういう気持ちがどうしても環境整備の不徹底な実践として出てしまう。一倉《いちくら》先生が店内をチェックして汚い所を見つけるたびに、Ｂ社長は社員の前で雷《かみなり》を落とされる。一倉《いちくら》先生は「掃除」とは言わない、あくまでも「環境整備」と言って、ゴミ箱の底まで指でなぞってチェックする。汚れていたら、社長を叱る、社長以外は叱らない。

一度、Ｂ社長は一倉先生をお迎えする車の中で恐る恐る、「先生、環境整備以外のことも教えてくださいとお願いしたことがあった。しかし「環境整備のできていない会社には教えない」と即座に退《しりぞ》けられた。

何回目かの指導のとき、一倉《いちくら》先生はついに環境整備の不徹底さにがまんできなくなって、Ｂ社長を社員が見ている前で平手打《ひらて》ちした。小柄なＢ社長はクラッとして一瞬、何が起きたかわからなかった。でも次の瞬間、「この人は本気で私を指導してくれているんだ！」と思って涙が溢《あふ》れでたという。

Ｂ社長はその日から環境整備に対して迷いがなくなった。以前から一倉《いちくら》先生に指摘されていた店の屋根瓦《がわら》の汚れを、命綱《いのちづな》をつけて屋根にのぼり、何時間もかかって１人でタワシで汚れを取り除いた。その社長の突飛《とっぴ》な行動を見た社員の反応は、二分した。「とうとう社長の頭がおかしくなった。もうついていけない」と47人いた社員のうち24人がB社を去っていった。

B社長は残った社員とともに閉店後、掃除を徹底してやり、朝開店前に各店を回ってチェックした。すると、社長も残った社員も、どんどん店を良くするためのアイディアが出るようになったという。

今では多くの飲食店でやっていて珍しくないが、お店が混雑しているときにお客様に店外でお待ちいただくのは申し訳ないからポケベルをお渡しし、順番がきたらお呼びだしするとか、お客様の声を聞くためのハガキアンケートをお渡しするとか、地元の学生さんはごはんおかわり自由とか、お店の宣伝文句を書いた車で街を巡回するとか、社員が進んでアイディアを出してきて、新しいことにチャレンジしていった。

一番驚いたのは、社員が半数以上辞めても困らなかったことである。半数で回ったのである。

2年後、店は各店2時間待ちの行列ができるようになっていた。売上も赤字の年と比べて７倍に急増していた。

現在、Ｂ社はこれまでのファミリー向きの焼肉店に加えて、接待に使える高級焼肉店も展開し手堅く成長している。社長職をご子息に譲って会長となられたＢ前社長は、一倉《いちくら》先生の大きな顔写真の下に「恩人　一倉定先生」と書かれたネームプレートを壁に掲《かか》げた本社会議室で、しみじみと「環境整備をしなかったら今の私はなかった。30年以上環境整備をやっていますが、いやあ環境整備は社長の頭も良くするんですよ」と笑顔で語られた。

環境整備は仕事の原点

もう１社の事例は、23年前から環境整備に取り組んでいる老舗鋳物《いもの》メーカーＣ社である。

Ｃ社はバブル崩壊後までは、建築内外装、橋の高欄《こうらん》、公園に置く胸像、アートオブジェなど、全国の公共事業の仕事で大忙しだった。それがだんだんと公共事業の仕事がなくなり、大手メーカーのＯＥＭ（納入先商標による受託製造）を請け負うようになった。

ＯＥＭの仕事とは端的に言えば下請けである。当然、価格の決定権はない。コストダウンの要求が年々激しくなり、Ｃ社長はこのままでは会社の成長はない、なんとかしなければと悩む日々が続いたという。

そのとき出会ったのが、一倉《いちくら》先生の著書である。「環境整備こそ、すべての活動の原点」、環境整備を徹底することで特命の仕事が増えた会社があることを知って、直感的に「これだ！」と思った。

しかしＣ社長自身、掃除をしたことがなかった。男は仕事に生き、女は家庭を守るという価値観で育った世代である。

環境整備に取り組むといっても、やはり抵抗があった。それで、一倉《いちくら》先生のセミナー会場で知り合ったＧ社長に相談に行った。Ｇ社長は直接一倉《いちくら》先生から指導を受けていたからである。

するとＧ社長は開口一番、「まずあなたが１人でトイレ掃除から始めなければダメですよ。あなたが変わらなければ社員は変わりませんよ。焦《あせ》ってはダメ。辛抱強く、１人でトイレ掃除を始めてみればどうですか」と言われ、覚悟を決めた。毎日１人でトイレ掃除をする社長の後姿を見て、それで心を動かしてくれない社員ばかりだったら、会社は畳《たた》んだほうがいいと思った。

当初、一番大きな抵抗を示したのが、営業部だった。「掃除をして仕事がとれるなら、苦労しないよ。こんな大変なときに全員で掃除するなんて、そんなバカな話があるか」と言わんばかりの態度だった。

それで何人かの社員が辞めたが、辞めた社員は実は辞めてほしかった人だったという。

Ｃ社長は根気強く焦《あせ》らず少しずつ、それこそ紙を一枚一枚積み重ねるように環境整備を社内に広めていった。すると、徐々に社内が変化していくことがわかった。数年たって、改善案が社員からも多く寄せられるようになり、お客さんが来ても挨拶しなかった鋳物《いもの》職人が、きちんと挨拶できるようにまでなった。

その頃、ある大きな仕事を発注する施主と大手建設会社の幹部数人がＣ社を訪れた。日本の鋳物《いもの》メーカー３社から１社を選ぶという。Ｃ社長が案内役となって施主一行を本社と工場をひととおり案内した。正直いって、Ｃ社の建物や機械はとても古い。古いけれど、見れば、きちんと手入れされ、大事にされていることがわかる。

見学後、施主が「御社にやってもらいます。御社ならいい仕事をしてくれるに違いない」とその場で仕事が決まった。こういうことが度重なるようになって、皮肉なことに、いま環境整備に一番熱心なのは営業部だそうだ。

環境整備を始めて23年のＣ社は、「環境整備といえばＣ社」と言われるような会社を目指して、さらに環境整備を感動レベルまで引きあげようと、見えないところまできれいにしている。「見えないところで手を抜く人は、いいモノもつくれないし、お客さんに喜んでもらえるサービスもできない」というのがＣ社長の考えだ。

新入社員を採用するときは、環境整備の取り組みをしっかり説明し、新入社員は1年間トイレ掃除を担当する。逆に、そういう基本的なことがしっかりした会社だから働きたい、入社したいと、応募者が近年増えているという。

Ｃ社長は「環境整備は仕事の原点であるということが、やってみてよくわかりました。しかしこれでいいと思ったら進化がとまる。今後もわが社は全員、環境整備で心と仕事を磨《みが》いていきますよ」と。

現在、一般住宅用エクステリア製品事業も展開し、海外にも工場を立ち上げた。もちろん海外でも環境整備を導入し、この直近5年、平均25％で売上が伸びている。それこそ規模は小さいが、グレートカンパニーを目指して頑張っている。

社員のヤル気に火をつける

一倉《いちくら》先生は「環境整備という活動を通じて、社員の心に革命が起きる」と強調しておられる。環境整備によって経営者、社員の仕事に対する心構えが変わる。私もそれを強く実感している。

ところで、一倉《いちくら》先生が指導された「環境整備」と私が指導する「環境整備」、どこに違いがあるのか。

違いがあるとすれば、一倉《いちくら》先生はトップダウンでおこなう環境整備であるのに対して、私はボトムアップに重点をおいた環境整備を目指している。

それは時代の背景の違いがあると思う。一倉《いちくら》先生が活躍された時代は高度経済成長時代で、社長は戦前生まれの戦争を経験している創業者が多かった時代。対して今は低成長時代で、社長といっても平和な時代に生まれた二代目、三代目の高学歴の後継者が多い。働く人も職場が嫌だったら簡単に会社を辞めてしまう。きつく注意するとパワハラだといって、インターネットに書き込み、それが真実ではなかったとしても、いったんネット上で噂が広がってしまうと、ブラック企業と言われてしまうこともある。

やはり時代背景が変わると指導のやり方を変えないとうまくいかない。

私は不登校児の学習塾を経営した経験から、環境整備の実践をできるだけ楽しく、しかもだれもがやり方と効果を理解し、だれでもできるように、できるだけシンプルに「仕組み化」することが重要であると考え、そのように指導している。

この章の冒頭に触れたように、私は学生時代に不慮《ふりょ》の脳梗塞《のうこうそく》に見舞われて、「努力しようとしても思うようにならない人たちの役に立つ仕事をしたい」とずっと考えてきた。

不登校児の教育を皮切りに始まった私の実践は、まさに今、掃除から始める企業の環境整備がもたらす大きな効果を皆さんに伝え、その果実を享受してもらうことが自分の使命であると考えるようになった。

２０１５年春に、学習塾経営を後継者に託した私は、日本経営合理化協会での「環境整備実行リーダー養成講座」などを通じて、私が「動禅掃除道《どうぜんそうじどう》」「動禅経営《どうぜん》」と名づけた、企業の強化プログラムを伝え、指導することに専念している。

その効果と、なぜそういう効果がもたらされるのかについては、次章に譲るが、私がその指導理論につけた、皆さんには耳慣れない「動禅《どうぜん》」の２文字に私が託した考えをここで簡単に説明しておこう。

3. 動禅掃除道《どうぜんそうじどう》

動禅《どうぜん》とは

私が掃除道、環境整備指導のメソッドに「動禅掃除道《どうぜんそうじどう》」「動禅《どうぜん》経営」とネーミングしたのには、こんな思いがある。

動禅《どうぜん》の「動」とは、行動の「動」であって、思い立ったらまず、手、足、口を動かしてとにかく行動に移すことを、この一字に託している。

「知行合一《ちこうごういつ》」という言葉がある。中国の明《ミン》の時代の学者である王陽明《おうようめい》が唱えたもので、知ること(知)と行なうこと(行)は分離不可能だという主張だ。王陽明《おうようめい》によれば、「知って行なわないのは、未《いま》だ知らないことと同じである」ということになる。

王陽明《おうようめい》が言おうとしていることがどういうことかを具体的に考えてみよう。

何かを学んでも、「その重要性はよくわかっているんだよ。でもまだ実行に移していないだけだ」と訳知り顔で話す人がいる。しかし実は、実際に行動に移していないということは、せっかく学んだことを本当には理解していないからに過ぎないのだ。

たとえば、あなたの家の中が散らかっていて足の踏み場もないとしよう。

「掃除をして片づければ、部屋はきれいになるし、頭の中もすっきりしていろんなアイディアも次々と出るようになりますよ」とアドバイスしてみる。

「いやあ、わかっているんだけれど、忙しくてできない」

「私は片づけたいと思っているんだが、やったはしから子供が散らかすからやれない」とか、いろいろと言い訳はするけれど、結局、実行に移さない。

理由はどうであれ、片づけ、掃除に取りかからないということは、「掃除にはいろんな効果がある」ということを本当は理解していないことなのだ。

もっとわかりやすい身近な例を挙げてみよう。

成功哲学を求めて、セミナーを渡り歩き、書店、図書館を回って経営のノウハウ本を血まなこで探し、自己啓発本を買い集める人がいたとする。貴重なノウハウを学んで「なるほど」と納得する。知識を得ただけで満足してしまい、わかったつもりで実行しない人が多い。あるいは、「読んでみたけれど、知っていることばかりだったよ」と、自分の博学に満足してしまう人がいたとしたら、どうだろう。

そういう人は単に「成功哲学を知りたい人」に過ぎない。

心の底から成功を願う人ならば、知識を得たらすぐに実行し、3日坊主に終わらず継続するものだ。すでに知っていることでも、「あっ、そうだった。すぐにやろう」と思うだろう。そして見聞きするあらゆることから自分のためのヒントを得ることができる。そして、そういう人は、知識を得るためにかけた金を、得た知識で回収する。あるいはその新知識を利用して、何千万、何億円と、かけたお金以上の利益を得ようとする。知識をしっかりとお金に換えることを考える。

こういう人が、本当の意味での「成功したい人」なのだ。同じようにお金をかけても、両者の違いがいかに大きいか、その差はおわかりいただけるだろう。天と地ほどの開きがあるのだ。

まず手、足、口を使って行動すること。これほど大事な原則はない。行動することでしか現実世界は変わらない。行動するかしないかが成功するかしないかの分かれ目になる。彫刻で有名なロダンの考える人のように考え続けたところで動かなければ何も変わらないのだ。成功する人間、組織は行動する人、続ける人なのだ。そこで私は、まず「動」という一字を置いた。

今この瞬間に集中すること

次に動禅の「禅」である。これは、仏教の道元《どうげん》禅師の精神をいただいた。だからといって何も皆さんに坐禅を奨励《しょうれい》しようというのではない。

鎌倉時代に曹洞宗《そうとうしゅう》を開いた道元《どうげん》禅師は、禅修行において、「而今《じこん》に生きよ」ということを強調している。

而今《じこん》とは、「我々が生きているこの瞬間、今現在」、という意味である。

道元《どうげん》禅師が書いた『典座教訓《てんぞきょうくん》』の中にこんなエピソードがある。

道元《どうげん》禅師が留学した中国の天童山《てんどうざん》で修業していた時のことだ。ある夏の日、炎天下で１人の典座《てんぞ》（禅寺で僧侶たちの食事を司る重要な役職）の老僧が仏殿の前で、海藻を干しているのに出会った。

見ると、手には竹の杖《つえ》を持ち、笠もかぶらず、焼けつく敷き瓦《がわら》の上を歩き回って汗だくで作業をしている。背骨は弓のように曲がり、眉までも真っ白な老僧がである。道元《どうげん》が近づいて年齢を尋ねると68歳だという。

道元《どうげん》が、「なぜ、あなたのような偉い人が、使用人に指示してやらせないのですか」と問うた。すると、老典座《てんぞ》は答えた。

「他はこれ吾《われ》にあらず」（他人にやらせたのでは私がやったことにはならない）

道元《どうげん》が重ねて、「おっしゃる通りかもしれませんが、この焼けつくような炎天の下でやることはないでしょう」と尋ねると、老典座《てんぞ》からこういう言葉が返ってきたという。

「更《さら》にいずれの時をか待たん」（海藻干しに最適なこの時間帯をはずして、いつやろうというのか）

道元《どうげん》は、もはや返す言葉がなかった、とこの体験を振り返って書いている。

今はやりの言葉でいうと、２０１３年新語・流行語大賞に選ばれた「いつやるか？今でしょ」という名文句と同じことだ。

大事なことは、

「今この瞬間に集中すること」

これが動禅掃除道《どうぜんそうじどう》、動禅《どうぜん》経営に通じる「禅」の精神なのだ。

思い立ったら、他人に任せず、すぐに始める。道元《どうげん》の中国留学中の体験に見たように、これは禅の教えに通じる。私が「動禅《どうぜん》」という言葉に盛り込みたかったのは、この精神なのだ。

禅という字が示す意味

「禅」の一文字に、私はいまひとつの意味を盛り込んでいる。

禅という字は「示へん」に「単」と書く。言葉遊びになるかもしれないが、私はこの文字に「単純（シンプル）に示す」という意味を託してある。

「いいとわかっているけれどできない」という人は、物事を頭の中で複雑に考えすぎている。

私が関わる経営者たちは、「どうも経営がうまくいかない。うまくやる方法はないか」と尋ねてくる。そういう経営者たちは、過去と未来に囚《とら》われすぎている。

過ぎ去った過去の栄光とか、過去の思い出とか、過去の成功体験や失敗体験とか過去のことで頭がいっぱいになっている。そして会社の未来に向けての心配とか不安とか、私に言わせれば、取り越し苦労が頭の中を占めている。

そういう経営者に私は、過去と未来を捨てて、今この瞬間に集中しよう、そしてシンプルに取り組もうと伝え続けている。

以上の動禅の原則を経営に当てはめ環境整備をしようというのが、私が伝えようとしている「動禅《どうぜん》経営」である。

天才とは集中力のある人

世に天才といわれる人たちはどういう人なのだろうか。ひと言でいうと、「天才とは集中力のある人」なのだ。

私が指導した、スポーツで日本一、世界一のチャンピオンになった人も、一流大学へ現役で合格した人も、営業でトップセールスになった人も、皆、集中力のある人たちだ。今、目の前にあることに全力で集中できる人たちなのだ。

たとえば、いっぺんに3つも4つも同時に複数の仕事をこなす人が周囲にいないだろうか。そういう人を見て、「あの人はすごい。私にはとても真似できない」と考えていないだろうか。

実は、そういう超人的に見える人は、同時に複数の仕事をこなしているのではないのである。よく観察するとわかるのだが、常に目の前のひとつの仕事に集中している。終わったら次の仕事に集中する。それが片づいたら、次と、集中力を注ぐ対象をひとつずつこなしながら素早く切り替えている。

その切り替えが速いので、同時にいろんなことをこなしているように見えるだけだ。瞬間、瞬間をとらえて見ると、常にひとつのことに全力で取り組んでいることがわかるはずである。

集中力こそ力を生み出すのである。

集中できる環境を可視化する

以上のことを踏まえて、私が動禅《どうぜん》経営の導入に向けて企業を指導する際に心がけている指導方針がある。

「お宅の会社は、作業する人が、今、目の前にある自分の役割、仕事に集中できるようになっているか」ということだ。そしてもうひとつある。「社内、組織内の皆さんが将来の目標として思い描くゴールに向けて集中できているか」ということである。

その際に重要なことは、集中できるための環境、システムと、将来のゴールをだれが見てもわかるようにしておくことだ。

せっかくつくり上げた環境、システムが、1人の、あるいはひと握りのエキスパートにしか使いこなせないようなものであれば、それは機能しない。また、会社、組織としての目標が、社長にしかわからないのでは、だれもが一致結束して目指すゴールにはならないのである。

だれもが実践、行動できる環境をつくり上げることを、私は、「可視化《かしか》」と呼んでいる。「見える化」といってもよい。

ここでまとめておくと、私が伝えたい「動禅《どうぜん》経営」とは、

すべてをシンプルに可視化し、思考と行動を集中させる経営システム

のことなのである。

さて、それではいよいよ、第３章で、環境整備が会社にもたらす効果について見てみよう。

第3章　環境整備の効果

1. 効果は5つある

環境整備と5Sとの違い

前の章で述べた通り、私の「環境整備」の考え方は、一倉《いちくら》 定《さだむ》先生が主唱されたものを、一歩進め、社員自ら積極的に関わる方法を定着させようというものだ。

それでは、「環境整備」とメーカーが取り組む「５Ｓ」とどう違うのですか？ との質問をよく受けるから、この先の理解を深めていただくためにも、ここで説明しておく必要があるだろう。

５Ｓ運動に取り組む多くのメーカーは、「整理」「整頓」「清掃」「清潔」「躾《しつけ》」の５つの徹底を掲《かか》げている。狙いは、いかに品質の良いものを速くつくるか、そのための生産性の向上と、生産リードタイムの短縮にあり、数字で表せる「目に見える効果」を重視し、数値目標を達成することを目指していることが多い。

私が提唱する「環境整備」でも、「整理」「整頓」「清掃」「清潔」までは共通で、「習慣」「仕組み化」を加えて、形の上ではいわば6Sとなっているが、出発点が違う。

すでに述べたように学習塾での経験から掃除がもたらす教育的効果に着目した私の環境整備は、誰でも参加できる簡単な掃除を徹底的に究《きわ》めることによって社員の心に変化を起こし、規律ある強い社風をつくっていくという「目に見えない効果」を重視しているのである。

だからといって不可思議でスピリチュアルな精神論を言いたいわけではない。「目に見えない効果」と言いながら、結果としての数字的効果を経営にもたらすのだ。

考えてみると、今の日本はモノが溢《あふ》れ、つくれば消費者が飛びつく時代ではなくなった。昔ほど日本の消費者は買いたいモノやサービスがない。欲しいものがあっても、いろんな会社が同じような商品サービスを市場に提供している。そんな時代に消費者は、何を考えどのように選択するのだろうか。

インターネットが普及した今、消費者はまず欲しいものをネットで検索して情報を探す。法人取引の場合も、取引しようと思う会社の情報をまずインターネットで調べることが多くなった。インターネットで得られた口コミや会社情報をもとに、品質や価格に大きな差がなければ、「あの会社は環境を大事にしているから」とか「理念に賛同できるから」、あるいは「気持ちのいい対応や接客をしてくれるから」とかいった会社やお店に付加されたイメージで選ぶことが増えてくる。

そこで、ここ数年、多くの経営者やコンサルタントが理念経営の重要性を訴えるようになってきたが、そうなると当然のことに、掲《かか》げた理念を末端の社員が実現できているかどうかが問われる。

「お客さんにご満足いただくため誠心誠意尽くします」という意味の理念を掲《かか》げるのは容易《たやす》いが、それを社員がそれぞれの仕事や現場で体現できているかどうか。言い換えると、理念と社員の仕事に対する姿勢が一致しているかどうかが問われることになる。

地道な環境整備を進めることは、商品、サービスの質を高めるとともに、社員を、そういう時代に相応《ふさわ》しい人間に教育することに効果を表すことは、数々の事例が示している。

「相手に不都合を押しつけない」「相手の身になって考える」「気づく人になる」「辛抱

できる人になる」「感謝する人になる」など、良い仕事をするために必要な、目には見えない基本的な心構えを社員に根づかせることになる。

だからこそ、環境整備は業種業態を問わず、お客さんに選んでいただき、それによって会社が安定的に成長するための土台をつくり上げるものとして、ますます重要になってきていると、私は考えている。

環境整備に取り組まない理由

全国を環境整備の指導で走り回っていろんな会社を見てきてわかったのは、きれいな会社でもダメな会社、業績が上がらない会社というのは存在することだ。そういう会社の多くは、掃除を外注しているケースが多い。見かけはきれいだが社員が自分たちの力できれいな環境をつくりだしていないから、その美しさがもたらす効果について社員みんなで共有していない。当然、社風、企業文化として環境整備が定着していない。

それでも汚いよりましではある。

第１表　環境整備は組織の社風、未来をあらわす

環境整備ができている会社	環境整備ができていない会社
・今すぐやる！	・先延ばしクセ
・自分でやる！	・他人任せ
・時間をつくる	・時間がない
・余裕がある	・忙しい
・元気、絶好調	・疲れている
・これがいい！	・ままいいや、これでいいや
・楽しい、ワクワク！	・めんどくさい
・いつも充実	・気分にムラがある
・他人と協調	・他人に振り回される
・やり方を調べて実行	・やり方がわからないと諦める

しかし、逆に、汚くて良い会社というものは1社も存在しないことを知るべきである。

そういう会社で幹部や社員に「なぜ環境整備に取り組まないのか」と聞いてみると、さまざまな理由が返ってくる。

「やりたいけれど時間がない」

「忙しくてそれどころではない」

「やりたくない社員の抵抗に振り回される」

「そのうちにやろうと思っている」

「不都合を感じていないから、これでいいや」

理由はいずれも後ろ向きで、投げやりだ。

こうした会社は、何ごとも先延ばしする癖のある社員がいっぱいいる。

何かあったら人のせいにする社員があふれている。そんな会社の社員たちはいつも時間がないし、忙しくて疲れ果てていて、「まあいいや、これでいいよ」という適当な仕事をする社員や、面倒くさがりやで気分にムラがあって、他人やお客様、上司や部下に振り回され、やり方がわからないといって諦《あきら》めてしまう社員が多い。

こうしたネガティブな習慣に凝《こ》り固まった会社に明るい未来など描けるはずがないのは誰が見ても明らかだろう。

逆に環境整備に積極的に取り組む会社は、ピカピカの職場を手に入れることによって、社員たちが劇的に変わっていく。社員自らが、周囲が汚れれば自ら進んで、時間がなければ時間をつくって、すぐに掃除に取り組むから社内はいつもきれいに保たれている。そんな会社では、社員に余裕があって、楽しくワクワク仕事をしている。やり方がわからなかったら自分で調べて取り組む。

社員が皆こうなったら、社長は経営に専念でき、経営がどれほど楽になるかは想像に難くないだろう。つまり環境が人をつくり、人が環境をつくるのだ。

さらに環境は社風の通信簿である。悪い習慣をもつ社員がたくさんいれば、環境は乱れていく。良い習慣をもった社員がたくさんいれば、環境は整っていく。そして習慣は未来を創りだす。悪い習慣は悪い未来を、良い習慣は良い未来を創りだす。いま目の前に広がる光景は会社の未来を表しているのだ。

手・足・口を動かす環境整備によって、あなたの会社もこうした前向きな社風、企業文化を手に入れることができる。環境整備に会社と社員を変える力があると私が強調しているのは、このことを言っているのだ。

環境整備は、モノの整理・整頓から始まって、時間の整理・整頓、仕事の整理・整頓、さらにはヒトつまり人材配置の整理・整頓へと進むことになる。

それによって、環境整備には大きく分けて、次の５つの効果を会社にもたらす。

①「経済的効果」
②「時間的効果」
③「精神的効果」
④「対人的効果」

⑤「肉体的効果」

である。

次にそれぞれの効果と、効果をもたらす背景について具体的に見てみよう。

①経済的効果

環境整備は数字に反映する

環境整備を徹底することで、だれでも必要な道具、用品をすぐに取り出せるようになる。これによって仕事のムダが省《はぶ》けて作業効率がよくなる。不良品が減って品質の向上につながって、生産性が上がることはすぐに実感できることになる。

さらに、社内に余計なものがなくなり、何がムダかを社員が意識するようになり、ムダ買いをしなくなるから、節約効果が現れる。

1章で私が環境整備を指導した事例5社、2章で一倉《いちくら》先生が指導された事例を2社ほどあげさせていただいたが、どの会社も環境整備導入後、売上利益が伸びている。

その中で、Ｒ銀行の場合は、この後で触れる時間的効果とも関係があるが、残業時間が大幅に減り、残業手当が年間４千万円も節約された。売上は環境整備に取り組む前に一時赤字に陥っていたのが、徐々に業績を回復し、40億円の黒字を生み出すまでに企業体質を劇的に転換した。

また産廃処理会社のＴ社の場合は、ブランディング化という「目に見えない効果」を獲得した。汚いのが当たり前でもある産廃業界にあって掃除を徹底してプラント内を磨き上げ、周辺の雑木林の環境に配慮、整備することによって、会社の信用度を高めたのだ。

同社では、同業他社より高めの処理単価を設定しているが、美しいとさえいえる工場が、取引先から「高くてもしっかり任せられる会社」という信用を獲得することになり、単価が高くても客は増え、売上も以前の25億円から40億円へと増える好循環となっている。

このほかにも、私が指導した中国地方のある中小企業では、銀行から破綻懸念《はたんけねん》先と評価されるどんづまりから、環境整備によるコストの切り詰めと売上増で経営の立て直しに成功した。いまでは15年連続の黒字を達成し、ボーナス7か月支給の優良企業に変身した。こうした例は枚挙にいとまがない。

いずれの例でも、会社がきれいになるにつれ、社員から活発に改善提案が出されるようになったことも報告されている。

会社が汚いままでは、生産性の向上も、顧客満足度によって導かれる単価のアップもありえないことに気づくべきである。自社のブランディング化を図って単価を上げようとしても、汚い会社のままでは無理なのだ。きれいな会社だからこそ高い単価も受け入れられて売上増につながる。環境整備を徹底しているからこそ、コストがカットされ、利益増が約束されることになる。当然の原理である。

生産性向上と在庫削減

環境整備による経済的効果の構図は、まとめてみると次のようになるだろう。

モノをつくっている会社で、環境整備を徹底して究《きわ》めて、社員から改善提案もたくさん出るようになると、つくり過ぎのムダ、在庫のムダ、不良品を生み出すムダ、動作のムダ、作業のムダ、運搬のムダなどあらゆるムダが取り除かれ、その結果、生産性が上がり、製品が完成するまでのリードタイムを短縮することができる。

さらに、リードタイムをこれ以上ないという究極の「無上位《むじょうい》」にまで短縮すると、在庫をたくさんもつ必要がなくなる。同時に、生産性向上と在庫削減の２つを達成することによって原価が下がり、キャッシュフロー（カネ回り）がよくなる。こうなれば、たとえ売上が増えなくても利益は確実に増える。さらにキャッシュフロー（カネ回り）がよくなると、新たな設備投資や研究開発に投資できるという好循環で経営が回りだす。

サービス業の場合も同じで、環境整備を徹底して究《きわ》めることによって、会社や店舗から余分なモノがなくなり、きれいになるだけでなく、仕事がしやすい環境をつくることによって社員一人一人の生産性が上がる。

さらに社員から仕事を改善する提案が積極的に出るようになると、今までやっていた仕事のムダが改善され、その結果、利益を生み出す付加価値を高める仕事に集中できるようになって、提供するサービスの質を向上させることができる。

いずれにせよ、第Ⅱ篇で解説する無上位《むじょうい》レベルの環境整備を目指す過程で、社員一人一人が知恵を出す訓練を積み重ねる仕組みになっている。その知恵出しが大事で、その習慣が身につくと、自らの仕事を改善する知恵出しができるようになる。

一般に、千回同じことを繰り返すと、つまり1日1回3年間同じことを繰り返すと身につくといわれているが、そうなれば、会社全体として確実に売上・利益が伸びる方向に力が働くはずである。

②時間的効果

探しものは時間泥棒

先の経済的効果で、環境整備に取り組むことによって生産性が上がり、売上利益が上がると述べた。その生産性を上げる大きな要因のひとつが「時間」である。

パソコンが導入されて事務が大幅に効率化されたが、「書類が見つからない。あれがないと仕事ができない」と言って大騒ぎしている場面は相変わらずだ。ひどいケースになると上司が部下を使って書類を探させている職場もよく見かける。

ある事務機器メーカーの調査によると、会社員が仕事に必要な書類や文房具を探している時間は、年間150時間に及ぶという。1日の労働時間を8時間だとすると、なんと1年のうちに19日間はムダな作業に費やされていることになる。

タイム・イズ・マネー。当然のことだが、生産につながらないこのムダな時間にも給料が支払われている。このことに気がつけば、そのコストカットへの知恵が出るはずだ。

印鑑を押す時間のムダを省くためにスタンプタイプの簡易印鑑に切り替えたR銀行の取り組みを取り上げた。それほどの効果はないだろうとタカをくってはいけない。

1分間で100円、1秒あたり1・6円の経費がかかると考えてみる。1回の押印作業に2秒かかっていたのが1秒ですむなら1回で1・6円の節約になる。事務員1人が1日100回印鑑を押すとすると160円が浮く計算になる。20人いれば3200円。月に20日勤務の職場なら6万4千円のコスト削減となる。

「うちではギリギリまで節約しています」という会社でも、回りを見渡せば、こうしたムダはそこら中に転《ころ》がっている。モノの整理整頓から始まる環境整備は、事務所なら書類の効率的なファイリング、工場なら工具をすぐに取り出せるように配置することによって、作業時間の短縮を可能にするだけでなく、社員に時間のムダへの気づきを促すことにもなる。

私はよく「**表《おもて》の非効率、裏《うら》の効率化**」という言葉を使って、ムダ取りの話をするが、お客様との接点は非効率であってかまわない。時間をかけないと満足していただけるサービスができない場合が多々ある。しかしお客様と直接関係のない部分は徹底して効率化をはかる。その見極めがとても重要である。

浮いた時間が生み出す「正のスパイラル」

時間的効果はコスト削減だけではない。作業時間の短縮は、ムダな作業にかけていた時間が減ることになる。ムダな時間が減るということは、その時間をやるべき大切なことに振りむけられるということだ。

Ｒ銀行の場合、事務の見直しで残業時間が減り、社員は7時までには退社できるようになり、習い事や家族と過ごす時間が増えた。ワークライフバランスがよくなったことで離職率も減った。

また、掃除指導でよく気づくのだが、散らかった職場にいると、頭が混乱して次に何をしようか迷う時間が長くなる。職場がきれいに片づくことで、そうした迷いの時間が減る。頭が整理され頭の中が冴《さ》えわたってアイディアがわいてくる。

実際に私が指導した会社の多くでは、環境整備に取り組みはじめてから社内のムダ取りの改善提案が急増した。改善が実施され、さらに生産性が向上する。正のスパイラル、好循環の連鎖の輪が動き出すのだ。

変化に立ち向かうために

国際的な経済環境は大きく動きつつある。ＴＰＰ締結、アセアン経済統合後、海外のモノやサービスが日本に低価格で押し寄せてくる。中小企業といえども、日本を取り巻くグローバル化の大きな波は避けられない。

日本は世界一の高賃金であることを忘れてはならない。その不利を抱えて荒波を乗り越えるためには、社員一人一人の労働生産性を高める必要がある。固定人件費が大きなコストとして占める中小企業であればなおさらなのだ。少ない社員で生産性の高い経営を目指さなければ中小企業は儲からない、いや生き残れない厳しい時代に突入している。

一方、国内事情に目を転じても、残業ゼロ、時短、在宅勤務を柱とする「働き方改革」が動き出している。まさに「労働の時間」が焦点となっている。

労働人口減少による採用難、社員の高齢化、介護離職者の増加、女性社員比率の増加などを背景とした改革だ。簡単にいうと、労働時間を効率的でフレキシブルに運用することで、優秀な社員が辞めない、高齢社員も女性社員も働きやすい職場環境を目指すものだが、ここでも、働く時間を短縮するためには生産性の向上が必須の条件となる。

大企業や官公庁を中心としたこの流れは、いずれ中小企業に波及してくるのは間違いない。その対応を中小企業経営者も頭に置き、あらかじめ対応を考えておく必要があるのだ。

ここまで見てきたように、環境整備は、残業を減らし、生産性を高める効果をもっている。さらに社員一人一人の意識を高める教育的効果をもつ。環境整備こそ、中小企業を取り巻く内外の変化に立ち向かうための処方箋《しょほうせん》なのだ。

③精神的効果

社員の心に革命が起きる

環境整備の第一段階として私は、まず掃除の指導から始める。社員に目標を理解させリーダーを決めて掃除に取りかかると、最初に表れる社員たちの反応は、「気持ちがいい」「すがすがしい」という感覚である。この効果は、朝10分でも15分でもいいから1週間続けてみれば、ただちに実感できる。

これは、一般の個人の掃除指導をしていても同じなのである。要らないものが散乱して、ゴミ屋敷のようになった部屋の窓を開け放つだけで、外気が吹き込み清浄な気が部屋に流れ満たされていくのを感じる瞬間がある。それだけでも部屋の主の行動が変わる。それまで「面倒くさい」「このままでいいの」と掃除を渋《しぶ》っていたのが、積極的に部屋の片づけを始めるのである。

学習塾の不登校児の生徒たちから始めて、私はこれまで千軒以上のゴミ屋敷の現場を見てきた。そして掃除という身近な一事に着手するだけで、人は積極的に動き出すのを体験した。

「面倒だ」「今やらなくても」という消極性は、大方の場合、汚れて散らかった部屋という環境が培養《ばいよう》していたのだ。その消極性の砦《とりで》から解き放ってあげるだけで人は変わるのである。

会社を対象に環境整備を導入する場合、注意すべき点がいくつかある。

ひとつは、トップが率先して環境整備に取り組む必要があることだ。私が社長に説明して、「よしわかった。それでやってくれ」と部下に命じるだけで、社長自身の机の回りが書類で散らかったままでは、社員は動かない。だからといって、社長もトイレ掃除に参加しなさいと頼んでいるわけではない。社長の机の回りがきれいに片づきはじめれば、社員たちはそれを見て行動を起こすのだ。

できれば社長は自宅の自分の部屋もきれいに片づけてほしい。知り合いのＳ社のＳ社長は、会社は仕事に集中できる良い環境でなければならないことはわかっている人で、会社の中はきれいに整理整頓されていた。

Ｓ社は年間２千万円ほどの利益が出る会社だったが、なぜか仕事上のトラブルが絶えなかった。そのためＳ社長はいつも遅くまで仕事をし、気持ちに余裕のない生活をおくっていた。

それを見て、私はＳ社長に「そんなに次々と問題が起きるのは、社長の家がもしかして散らかっているんじゃないですか」とたずねた。すると「いやあ、朝から夜中まで仕事をしていて、家に帰ったら寝るだけだから家は関係ないよ」と即座に否定された。

しかし私は「だまされたと思って、一度、自宅の小さなスペースでもいいから、徹底的にきれいにしましょう」とアドバイスした。

Ｓ社長は私のアドバイスに素直に従ってくれて、１か月たたないうちに「今使っているもの」だけを残すという私のアドバイス通りに実行された。捨てるときに、昔の思い出が残っているもの、値段が高かったもの、そして今使っていないがいつか使うかもしれないものがたくさんあったが、S社長は思いきってすべて捨てた。するとその部屋からほとんどのものがなくなってしまったという。

その後、S社長はすっきりとした部屋で朝15分ぐらい静かに過ごしていると、「今日は部下にこれを指示しよう」「こうしたら、問題が解決するかもしれない」というさまざまなインスピレーションが浮かぶようになって、S社は月に1千万の利益が出るようになった。なによりもS社長は余裕をもって仕事ができるようになったのがうれしいという。

これまでS社長は過去のもの、未来のものにたくさん囲まれた生活をしていた。それで頭の中がいっぱいになっていて、今に集中できなかったのである。

そんな例はいっぱいある。「家は寝るために帰るだけだから関係ない」という社長が多い。そういう社長にかぎって部屋にものが溢《あふ》れ、今に集中できないでいる。私がまず社長から環境整備をやってほしいというのは、その効果を実感してほしいからである。社長の時間的余裕と精神的余裕は業績に直結するからだ。

２つめは、リーダーを決めて、環境整備の進行状況をチェックし、評価し成果が上がれば誉めてやるシステムをつくること。

３つめは、着手する前にキックオフミーティング（詳細は第Ⅱ篇）を開いて、全員に目指す目標を理解させることである。

「やってみせ、言って聞かせて、させてみせ、誉《ほ》めてやらねば人は動かじ」（山本五十六語録）とは、まさにこのことであるが、この言葉には後段があるのをご存知だろうか。こうある。

「話し合い、耳を傾《かたむ》け承認し、任せてやらねば人は育たず。やっている姿を感謝で見守って、信頼せねば人は実らず」

人材育成の基本だ。基本を守って環境整備を進めると社員の心に確実に変化が起きてくる。

環境整備の指導に会社に入って、３か月、６か月経って、感想を書かせると、「社員が気づく人になる」「礼儀正しくなった」「感謝できる人になる」「仕事に生き甲斐を感じる」「人の喜びが自分の喜びとなる」など、社員の中に精神的な大きな変化が起きていることを実感している。

一倉《いちくら》定《さだむ》先生は、そのことを「社員の心に革命が起きる」と表現している。私もまったく同感である。

エディ・ジョーンズの挑戦から得る教訓

ここで少し視点を変えて、話題の寄り道をしてみよう。社員個々人の心に革命が起きると組織がどう変わるかという話である。

ラグビーワールドカップ（W杯）のイングランド大会（2015年秋）で、それまで負け続けていた日本代表が3勝を挙げる大活躍を見せたことは記憶に新しいと思う。

日本代表を率いたエディ・ジョーンズHC（ヘッドコーチ）は、ヘッドコーチ就任3年で、いかにしてチームを改革したか。その手法は、私が環境整備で会社を変えようとする方法とコンセプトが余りに似ているので驚いたのだ。

大会後のインタビューを見ると、ジョーンズ氏がとったチーム改革の指導方針が理詰めで一貫していることがわかる。

まず技術面である。日本代表は、他のW杯強豪チームと比べ体格で劣る。これを克服するために、彼は相手を一発で仕留める必殺の低いタックルを徹底して指導、練習させた。また、スクラムも相手より低い姿勢で組む訓練を課した。

そのために彼は、フランスからスクラムのエキスパートをコーチとして招請した。世界一といわれるほど長時間の合宿練習の過酷さで鍛え上げたことばかりが強調されているが、ただ「やれ」と命じるだけでなく、コーチ陣を充実させ必勝の技術獲得のための環境づくりに取り組んでいる。「世界一になるためには、世界一の環境が必要だ」と、私が強調しているのはこのことなのだ。

技術面はさておいて、彼がもっとも腐心したのは、精神面の改革だった。チームを任されたジョーンズ氏は、積極的ではない選手たちの姿勢に驚いた。ラグビーは格闘技である。代表に選ばれる選手たちだから闘争心に欠けているわけではない。

彼が見抜いたのは、「指導者に従順すぎる」選手たちの気質《きしつ》だった。

「チームの能力は個々人の選手の能力の集合だ。チームの最大限の結果を引き出すためには、まず個人の考え方、心構えを変える必要がある」と考えた。「正しい環境を整えれば、日本人も積極的になれる」

考えろ、勝つために何が足りないかを自分で考えろ、と指導する過程で、怒《おこ》って練習場を離れる演出も繰り返した。

彼はこうも言う。「選手の心構えを変えるためには、毎日どうやったら改善できるか自分たちで考えることだ。仕事も同じだ。仕事をするためだけに働いていては、会社を良くすることはできない。個々人がもてる力を発揮すれば、会社の業績は向上する」

迎えたW杯緒戦。世界ランキング3位の強豪である南アフリカを相手にエディ・ジャパンは一歩も譲らないまま終盤を迎えた。南アの巨体の突進を狙いどおりの低いタックルで食い止め続けていた。必殺のタックルは予想以上に相手を手こずらせた。

3点差を追う展開での試合終了寸前。南アゴール前で相手が反則を犯し、ペナルティを得た。時間はすでにロスタイムに入っていた。プレーが途切れればそこまでとなる。

さてどうするか。

ジョーンズ氏は、ヘッドコーチ席から同点狙いのペナルティゴールを狙うように指示した。五郎丸《ごろうまる》歩選手の好調なキックに期待した。ゴール前では、マイケル・リーチ主将を囲んで円陣が組まれた。主将の判断は、「同点じゃだめだ。最後の攻撃で逆転をするぞ」

選んだのは、鍛《きた》え抜いて相手を上回ると自信をもつことができたスクラムだった。自信に裏打ちされた選手たちが、ヘッドコーチの判断を斥《しりぞ》けて自分たちで選択した瞬間だった。

スクラムから出されたボールを右に展開して連続攻撃に移る。最後は左隅にウイングのカーン・ヘスケスが飛び込んでトライ。34対32で世界の大舞台での24年ぶりとなる勝利を大金星で飾ったのだ。

試合後、ジョーンズ氏は勝利を噛《か》みしめながら、選手たちを讃《たた》えた。

「あの場面で、選手たちが自分たちでスクラムを選択したのが何よりも嬉しい」。まさにそれが、選手たちの精神面の変革を目指したジョーンズ氏への、選手たちの回答だった。

会社も同じだ。

環境整備は社員たちの心に変革の火をつけることの実践例として、ジョーンズ氏の指導例をあげたが、読者の中には「いや、そもそも全日本に選ばれる選手たちの話でしょ。うちの社員と一緒にはならないよ」とおっしゃる方がいると思う。

私が言いたいのは、ジョーンズ氏が「今まで勝ったことがないし、体格も違うし、どう頑張っても勝てないよ」という、選手たちが潜在的にもっていた意識を環境を変えることで根底から変えた、という点である。

中小企業で働く社員は、子供のときに勉強がよくできて、一流の学校に合格して親や教師から褒《ほ》められたという経験がない人が多い。就職も親が喜ぶ一流企業の大企業に入れなかった。スポーツであれ音楽であれ、何か得意な分野で人に賞賛された経験があればいいが、それもなかった人たちは自分に自信がもてない。さらにそういう人は自分の仕事、自分の職場にも自信がもてない人が多い。

だから環境整備では、職場にある目に見えるものから変えていって、人に見られ、人から褒《ほ》められるということを繰り返すことによって自信をつけていく。目に見えないものを扱うときは、目に見える形から入るのが基本だからだ。

社員の変化が社風をつくる

環境整備によって生み出される社員の精神的効果は、ひと言でいうと積極性の獲得である。それは、自ら働く環境を良くしようという改善提案の増加の形をとって目に見えて現れることになる。

社員の心に起きる革命的変化による改善提案は、モノづくりの会社であれば、品質の向上、リードタイムの短縮という形で効果を現してくる。サービス業であれば、取引先や顧客への対応で現れる。

実は、日本が品質世界一のモノづくりをできるのも、そして世界一のおもてなしのサービスができるのも、日常のごくありふれた仕事であっても回りの人と協力しながら改善し、究《きわ》めていく風土があるからである。

向上を目指す積極的な心があれば、仕事は究《きわ》めれば究《きわ》めるほど、さらにその上が見えるから、終わりがない。

私が社長の皆さんに強い社風、風土をつくり上げようと強調するのは、単なるスローガンを考えようという呼びかけではない。社員とともに良い仕事をし、ともに成長していこうと真剣に願うならば、全員で生き甲斐《がい》をもって仕事を究《きわ》め、その仕事によって世の中の役に立ち、みんなで幸せになる、という社風、風土が必要だからである。

私が提唱する環境整備は、そういう社風、風土をつくるために、社員一人一人の心に変化を起こすものである。

④対人的効果

社内で醸成される「あ・うん」の呼吸

社長をはじめ、役職に関係なく社員が共通の目的で同じ作業をする中で、互いの意思疎通《そつう》が円滑になる。同じ職場で働く仲間としてのコミュニティの一体感を感じられるようになり、社内コミュニケーションが格段の向上を見せる。

実は中小企業は社員が少ないからコミュニケーションがよいかといえば、そうともいえない。大企業であれば、定期的に人事異動がおこなわれる。中小企業はとって代わる人がいないから簡単に人を動かせない。経理で入った人は何十年も経理、営業で入った人は何十年も営業、といったふうに定年まで同じ部署で同じ仕事をすることが多い。放っておくと、目に見えない部署間のカベができてしまうのである。

環境整備は、社長であろうと新入社員であろうと、あるいは部署がどこだろうと関係なくみんなで同じ活動をする。そして一緒に達成感を味わう。

第１章で取り上げたＦ美容院の場合のように、はじめは掃除の取り組みに消極的だった社員も、結果が伴ってくると環境整備の実践の輪の中に積極的に加わるようになる。いくら掃除が嫌いでも、きれいで効率的に変身してゆく職場を嫌う人はいない。

古代ギリシャ哲学者のプラトンが言うように、人は正しいことや美しいこと、つまり「善《ぜん》」に憧《あこが》れる本質をもっている。共同作業によってピカピカに磨き上げられた環境こそが、一人一人に語りかけ説得する環境整備の先導者の役割を担うようになる。

Ｆ美容院でも、Ｍ農園でも、だれもが取り出しやすいように備品を合理的に適正に配置することで、つぎにその備品を手にする人は、前に使って戻した人に感謝の心をもつようになってきた。そうなれば、次に使う自分もきちんと元の位置に戻し、邪魔になる不要なものは進んで処分し捨てるようになる。「他人を思いやる心」が育ってくる。ひとりよがりが消えて仲間に対して感謝の気持ちをもてるようになる。

お客様に対しても、感謝の心をこめて挨拶ができるようになる。

それが、ペチャクチャとおしゃべりを伴うコミュニケーションではなく、目に見えない形での意思疎通《そつう》、いわゆる「あ・うん」の呼吸を社内に醸成《じょうせい》する。会話を伴わなくてもアイコンタクトで、万事《ばんじ》を了解するコミュニケーションのネットワークができれば、それはとても効率的な意思伝達の方法なのだ。

1か所集中で気づきの心を養う

まずは、あそこもここもと手を広げる必要はない。それぞれの持ち場を決めて狭い範囲を、徹底的に磨き上げることだ。そうすることで、他に散らかっている場所や、やらなければいけないことなど、普段気づかなかったことが気になるように変わってくる。いろんなことに気づく人になる。

毎日わずかの時間でも掃除をすることで小さな変化にも気がつくようになる。お客様のちょっとした変化もわかるようになり、サービスにつながるだけでなく、取引先の変化への気づきから、ビジネスチャンスにつながることにもなるだろう。

良い環境には人が集まる

会社の環境が良くなると人を呼び込む効果も出てくる。家庭に置きかえてみればわかりやすいだろう。

部屋が散らかっているときは友人を招こうという気持ちもおこらない。掃除をしてすっきりとした部屋をつくると自信をもって人を招くことができるようになる。掃除もそこそこでは、汚い部屋自体が来客を拒否してしまっているのだ。

「掃除、環境整備に時間と人をかけるぐらいなら、営業に全力投球した方が業績につながる」とおっしゃる経営者の声を耳にすることがある。それは大いなる勘違いであることが、この例でおわかりにならないだろうか。

環境整備には徹底すると人を集める力がある。わかりやすいたとえをすると、夏の盛りにひんやりと気持ちよく冷房の効いたデパートにお客様が押しかけるようなものだ。気持のよい環境の会社には人が集まる。お客様もそうだし社員募集においても同様である。

このことは、私自身、学習塾を経営していたころに痛いほど経験した。当初は、経営を軌道に乗せるために、生徒募集、講師スタッフの募集に必死だった。「集めよう集めよう」としても集まらない。ところが、生徒の家庭をまわって掃除を指導し、塾の中でも徹底して掃除を指導するようになると、生徒も講師も集まってくる。「集める」から「集まる」への発想の転換の必要性に気づかされたのだ。

飲食業界なら、なおさら環境整備が重要だろうと考えているのだが、実は掃除が行き届いていない店が意外に多いのだ。最近、チェーン展開しているあるラーメン店に呼ばれて指導に出かけて驚いた。換気扇に溜《た》まった油がポタポタと落ちてくる。カウンターも椅子も油でギトギト、店の入口の上にはクモの巣まで張っていた。

いくらスープに自信をもっているといっても、これで客が集まるわけがないのだ。

逆のケースとして第1章で取り上げた産廃業者のT社のことを思い起こして欲しい。汚れているのは当たり前、散らかっていても当然という業界にあって、徹底して環境整備に取り組んだ同社は、逆転の発想で、「日本一きれいな産廃プラント」をブランドイメージとして打ち出し、見学通路まで設けた。今では月に５００人、年間６千人もの見学者が、クリーン工場を実感して帰る。

見学者に取引先候補がいれば、少々高い処理代を提示されても、「これは信頼できる」と取引を申し出るに違いない。近隣住民が見学に訪れれば、「環境対策は万全《ばんぜん》よ」と口コミで評判を広げてくれる。

環境整備に取り組むことによって、きれいな会社そのものが優秀な営業マンにもなり、広報宣伝マンの役割を果たすのだ。

「掃除、環境整備にかける時間と人があれば、営業に全力投球した方がいい」という論理は破綻《はたん》している。

掃除、環境整備にわずかの時間と人を投入するなら、信頼性を勝ち取り、かけた手間以上の営業効果をもたらし業績に貢献すべきだと私は言いたい。

⑤肉体的効果

会社は人間が資本

環境整備を進めることで、作業現場の危険が除去され安全が高まる。生産ラインの周辺の整理・整頓・清掃を徹底させることで、ムダな危険物を排除して働く人の動線を確保し事故は減る。

塵埃《じんあい》が立ちこめる環境なら集塵《しゅうじん》に配慮する事で健康を維持することができる。

事務職場でも、環境整備の実施で整理・整頓され、ピカピカの職場は人のストレスを軽減させ、夜は熟睡できるようになり、肉体的に健康が増進される。

会社は人間で成り立っている。言わずもがなである。本社ビルとコンピュータと工場があれば、人は遊んでいてもモノがつくられ、売上が計上されるというわけではない。ロボットを使った工場があったとしても、管理するのは人間の仕事である。会社にとって人間が最大の資本なのである。

５Ｓも含めて、労働安全面から働く人間の健康確保管理に全力を注《そそ》いできた。主人公である人間が健康を損なうことなく肉体的に最大限の能力を発揮できる働きやすい職場をつくり上げることが環境整備の眼目《がんもく》となる。

空気の流れに着目

ところで、企業活動の主役である人間も自然の一部である。人間は空気や日光や水がなければ生きていけない。とくに空気というのは数分間呼吸を絶たれれば人は死んでしまう。死なないまでも、空気の薄い標高何千メートルもの高地では人は高山病にかかり正常な判断ができなくなる。

私が指導する環境整備では、人間の営《いとな》みにとり重要な、空気の目に見えない部分に注目するように促している。湿度が最適に保たれているか、二酸化炭素濃度はどうか、などである。塵《ちり》とは違って見えないだけに、軽視されがちだが、肉体的には大きな影響を与えている。

例えば、私は指導する会社に出かけると、社内の二酸化炭素濃度を測っている。二酸化炭素濃度が高いところでは酸素の取り込みが少なくなるので眠気を誘い、作業効率が落ちるからだ。

計測器を使うと、１０００ｐｐｍから２５００ｐｐｍの範囲であれば、眠気が誘われるレベル。２５００ｐｐｍから５０００ｐｐｍでは、健康に害を及ぼす可能性のあるレベルというように、その部屋の空気環境が数値でわかる。そういう場合は、換気、窓の位置も含めて空気の流れを適正にするように指導している。

ゴミ屋敷の掃除のところで触れたが、掃除で一番大事なのは、窓を開け放って換気をすることにある。空気の流れが悪い部屋で閉じこもっている不登校児にやる気が起きないのは、この問題とも関係があると睨《にら》んでいるからだ。

中国で発達した風水説では土地の「気の流れ」と「水の流れ」を重視する。家を建てる場合だけでなく、古代では中国でも日本でも都の立地を決める際に考慮《こうりょ》されたのだ。

迷信だと笑って済ませるわけにはいかない。長年の経験の積み重ねから導きだされた経験則でもあるからだ。

たとえば、世界文化遺産に指定されている奈良県斑鳩《いかるが》の法隆寺は、木造建築として世界最古で建立以来１３００年を経た今も、金堂《こんどう》、五重塔、回廊がしっかりとした姿を残している。法隆寺を寺社大工として長い間見守り続けてきた、昭和の名棟梁《とうりょう》の西岡常一《にしおかつねかず》さんは、著書『木のいのち木のこころ』（草思社）の中で、「伽藍《がらん》の造営には四神《しじん》相応《そうおう》の地を選べ」という、代々受け継がれてきた法隆寺の口伝《くでん》を引用して、「科学的やないと言われるかもしれませんが、私は口伝《くでん》を信じています」と語っている。

四神相応《しじんそうおう》の土地とは、青竜《せいりょう》という神が守る東には清流があり、朱雀《すざく》が守る南は一段低く沼や沢がある。白虎《びゃっこ》の西には道が走り、玄武《げんぶ》の北は高い山がある場所である。

この条件に合致し伽藍《がらん》を守る気が流れる土地に建てられた法隆寺だからこそ、同じ奈良でも他の多くの寺の大伽藍《がらん》が消えて行く中で地震や風水害、火災の被害を受けずに済んだというのだ。

少なくとも空気の流れが、職場環境にとって重要だという点では、経験を踏まえて聞くべき説だと考えている。

空気の流れから話は横道に入ったが、空気の流れは職場で働く人間に影響を与えるという私の主張の真意をとらえてほしいと思う。

高地マラソンの経験から

高地では空気が薄く高山病にかかり正常な判断ができなくなるという話をしたが、私が高地でのマラソンに挑戦した時のエピソードをお話ししよう。

これは直接的に、環境整備がもたらす効果の話だ。

学習塾を経営しはじめて間もないころだ。何か自分をかけてみることにチャレンジしようと考えた私は、サハラ砂漠を２５０キロ走破するというサハラマラソンにチャレンジすることにした。

日中は６０度にもなる極暑中を、食料、水、寝袋など15キロのリュックを背負いながら２５０キロ先のゴールを目指して走る極限レースである。これを私は自分の習慣教育のメソッドを使い、コツコツと準備をし、大変な思いはしたものの感動の完走をすることができた。

帰国すると、皆がお祝いとともに「今村先生は体育会系で根性があるからできるんですね」と言われた。それを聞くと「いや、違う。これは自分が凄《すご》いのではない。人間は誰もが素晴らしい可能性をもっている。自分以外の人間でも、良い環境づくりと良い習慣づくりのメソッドを使えば必ずゴールはできる」と考えた。

そこで私は次のチャレンジを世界でもっとも過酷な砂漠マラソンと言われている南米チリのアタカマ砂漠マラソン250キロをターゲットに選んだ。

アタカマ砂漠は世界でもっとも乾燥していると言われ、普通に呼吸をしているだけで鼻血が出てくるランナーもいる。標高3400メートルという富士山9合目と変わらない高地を走るために、絶えず高山病の怖れもある。昼と夜の寒暖差は50度にもなることがある。そんな過酷なレースを当時、我が家で下宿していた大学生2人と参戦することにした。

彼らはマラソンの素人だっただけではない。運動部でもなかった。無謀とも言える挑戦だったが、はじめは3キロのジョギングを一緒にするくらいの準備からはじめた。少しずつ体が慣れてくるとトレーニングの距離を伸ばしていった。高地トレーニングにも行った。体を高地に順応させるためだ。そこでの経験は壮絶だった。酸素が薄いために思考が働かない。数歩歩くだけで頭痛がする。本人は一生懸命動いているつもりだが、動きがスローになり、常に眠くなる。このときに「酸素は目には見えない。

でも酸素が生活をしていく中でこれほどまでに大切なのか」と実感させられたものだ。呼吸法を覚え、体内に大量の酸素を入れるトレーニングをしつつ、私は彼らに提案した。

「ぼくらが目指すのは世界一大変なマラソンなんだから、何かで世界一の基準になろう」

といって世界一ハードなトレーニングは無理だ。でも世界一を意識させたい。彼らが散らかしまくっていた部屋の徹底掃除を課した。

掃除は始めたものの、「かなりきれいになった」というので見に行くが、大したことはない。「だめだ。世界一きれいな掃除を味わわないと連れて行かない」と叱ると、彼らは天井も磨く、文房具まで除菌して世界一にこだわりはじめた。掃除に熱中しはじめると、トレーニングも本気で取り組みだした。

そして1年、リュックを背負い、夜は寝袋で眠る過酷なレースを走り切ったわれわれは、世界の強豪チームが居並ぶ中で、4位に入賞を果たした。

これ以上はない無上位《むじょうい》の掃除体験が、彼らのやる気を引き出して、肉体的にも高地マラソンに耐える体につくり替えたのだ。

掃除、環境整備に取り組めば、肉体的にも好影響をもたらし、無理だと思った挑戦にも成功する。これが今村メソッドの原点となった。

仏教には「身心一如《しんじんいちにょ》」という言葉がある。肉体と精神は一体のもので分けることはできず、ひとつのものの二面であり、互いに影響し合うという意味である。

この項目で扱った環境整備の「肉体的効果」は実は、③で触れた「精神的効果」と同じということになる。

それでは続いて、環境整備がなぜ、こうした不思議な効果をもたらすのかについて、その謎のメカニズムと背景に迫ってみよう。

2. 環境整備はなぜ会社に効果をもたらすのか

ここまでの各章をお読みになって、身の回りの掃除から始める環境整備が、会社にとって、大きな効果をもたらすことを具体例をもとに理解いただけたと思う。

繰り返しになるが、その効果は、「経済的効果」にとどまらず、「時間的効果」「精神的効果」「対人的効果」「肉体的効果」にまで幅広く及ぶ。

取り組んでみると、だれしもその効果を実際に体感することになるのだが、こうした効果はとくに、経営者が最も頭を悩ませる人材育成面で威力を発揮することになる。

社長が率先垂範《そっせんすいはん》して社員全員で目的意識をもち、会社をこれ以上ないという「無上位《むじょうい》」の基準で磨き上げてムダを省《はぶ》くことで、社員一人一人が「仕事を究《きわ》める」という良い習慣を身につけ、それを仕組み化することで規律ある風土、文化として定着させることができるのである。

では、そんなに大事なことが、掃除から始める環境整備によって、なぜなし得るのだろうか。

もちろん環境整備は、実践と継続が最も大切であって、理論を振り回しても仕方がないのではあるが、社内で取り組むにあたって、「たしかに効果がある」だけでは目的を広く社員全員に共有化させることは難しい。

そこで、環境整備がなぜ会社に大きな効果をもたらすのかについて、日本社会が掃除によって文化を組み立ててきた社会文化的背景に踏み込んでみるとともに、最近の脳科学、心理学の成果も踏まえて、私なりの解説を試みてみたいと思う。

①掃除とは何か

そうじ協会が定義する４つの要素

学習塾の現場で経験した掃除の教育的効果から出発した私の環境整備は掃除を基本に据《す》えている。私が主宰《しゅさい》する「日本そうじ協会」では、掃除の定義として、次の４つの要素を設定している。

【掃除の定義】

場を整え、流れを良くし、個人と組織の能力を最大限発揮できる環境をつくること。

整理＝不要なモノを捨てること。
整頓＝必要な量をすぐに使えるように配置すること。
清掃＝埃《ほこり》をとり、良い空気環境をつくること。
清潔＝ピカピカに磨き上げること。

1番目の「整理」では、要るものと要らないものを分けることが前提となる。
2つめの「整頓」は、よく誤りがちであるが、けっして見栄《みばえ》えをよくすることではないことに注意してほしい。

３つめの「清掃」は、掃除機やはたきとかワイパーを使って埃《ほこり》をとるだけでなく、温度や湿度、空気の流れを適正に保ち、ダニやウィルスの発生を防止し、作業効率に影響のある二酸化炭素濃度の管理にも配慮する。

最後の「清潔」は、汚れた所を洗剤、ブラシを使って徹底的に磨き上げ、汚れを落とすことである。この清潔まで徹底され定着した段階で、掃除の効果は一段と飛躍することを忘れてはならない。

この４つを基本要素とする「掃除」とは、「場を整え、流れを良くし、個人と組織の能力を最大限に発揮できる環境をつくること」なのである。

この４つの要素に、掃除された環境を維持するための「習慣」と「仕組み化」を加えたものが、私の環境整備の６つの要素（６Ｓ）だ。この今村式環境整備の６Ｓのそれぞれの具体的な導入方法は第Ⅱ篇で紹介するが、まずこの基本を頭に叩き込んでおいてほしい。

②日本人に伝えられてきた躾《しつけ》と場を浄《きよ》める精神

寺子屋で重視した6つの躾《しつけ》

なにげない日常の掃除と環境整備が、社員の前向きに仕事に取り組む精神や、明るい職場づくりといった教育的効果をもたらすのは、それがまさに「躾《しつけ》」を身につけさせるからである。

江戸時代、全国に庶民の教育機関として寺子屋が普及していった。その寺子屋では、読み・書き・算盤《そろばん》といった社会生活を営《いとな》むのに欠くことのできない基礎知識、学力を身につけさせることを主眼としていたが、その前提として重視されたのが躾《しつけ》であった。

家庭においても、子供たちに対して社会的自立のために厳しく躾《しつけ》が施《ほどこ》された。その基本は次の6つであった。

1. 自分から挨拶できる
2. 履物をそろえる
3. いい姿勢
4. 「はい」と返事する
5. 約束を守る
6. 早寝早起き朝ごはん

そして日本の社会では明治以降も戦前までは、この６つの躾《しつけ》を「つ」のつく年齢まで、つまり「ここのつ」(９歳)までに身につけさせるべきだという認識が広く共有されていた。私が教育に携《たずさ》わってきた不登校児の例で見ても、この６つがうまくできず、社会に適応できないでいる子供たちばかりなのだ。

遅ればせながら十代になってからでも、この躾《しつけ》を身につけさせ、習慣づけすることで、彼らは立ち直り社会に適応していく姿を私は数多く見てきた。

このことは会社、企業運営と無縁ではない。よく見ていただくと、これらの６つをこなせることが、会社においても仕事ができる人の条件でもあることが容易に想像できるだろう。よく鬼上司がいる組織が強いか、仏《ほとけ》上司がいる組織が強いか、といろいろ言われるが、私がいろんな組織を見てきて言えることは、上司は鬼であっても仏であってもかまわない。問題は、その組織に規律があるかどうかである。強い組織には必ず規律がある。その規律の基本が先にあげた6つの躾《しつけ》で育《はぐく》まれるのだ。

そして、環境整備の実践は、これらの6つの躾《しつけ》を身につけさせる人材育成効果を基本的にもっている。

教育者・森信三《もりしんぞう》先生の3原則

哲学者である西田幾多郎《きたろう》の門下生で、教育者として著名な森信三《もりしんぞう》先生(1896〜1992年)がいる。国民教育の父とも言われており、小学校の校長をしていた私の祖父は森先生の高弟であったため、私が幼いころ、よく家に遊びに来られた。

「立腰《りつよう》教育」ということを提唱されていて、私もよく森先生から「姿勢を良くしなさい、腰を立てなさい」と優しく語りかけられた。

家庭教育の重要性を説いていた森先生も「しつけの3原則」というのを強調しておられた。３原則とは、

「朝の挨拶をする子に」（それには先ず親の方から誘い水を出す）
「ハイとはっきり返事のできる子に」（それには母親が、主人に呼ばれたら必ずハイと返事をすること）
「席を立ったら必ずイスを入れ、履物《はきもの》を脱いだら必ずそろえる子に」

というもので、先の６つ躾《しつけ》のうちの３つに当てはまる。

また森先生は、規律の乱れた学校職場の再建3原則もあげている。

「時を守り」

「場を浄《きよ》め」

「礼を正す」

の３つで、このことについて、「これ現実界における再建の３大原理にして、いかな

る時・処《ところ》にも当てはまるべし」と付け加えている。

「場を浄《きよ》め」と入っていることに注目してほしい。奇しくも、私が「環境整備は社員教育に有効である」と繰り返してきたことと同じことを見抜いている。

躾《しつけ》は子供だけの問題ではないのである。日本人は昔から、読み・書き・算盤《そろばん》という社会生活を営《いとな》む上での必要技術の習得の基礎として、自立した人間を躾《しつけ》によって養うことを重視してきたのだ。

日本人と清浄な空間

森信三《もりしんぞう》先生は、現場再建の3原則のひとつとして、「場《ば》を浄《きよ》める」ことを強調されたが、この「場《ば》の浄化《じょうか》」の精神は、古代人から連綿と日本文化の中に受け継がれてきたものだ。

浄化《じょうか》＝浄《きよ》めの対象は穢《けが》れである。穢《けが》れは、物理的な汚れではなく、精神的な汚れの概念《がいねん》であった。健全な精神(気＝け)を枯らしてしまうものが「気枯《けが》れ」である。

古代日本人には、罪《つみ》と穢《けが》れを祓《はら》い、禊《みそ》ぐことで浄化《じょうか》し清浄《せいじょう》な精神を保つという行動原理があり、今も日本文化の目に見えない部分に横たわっている。

古代神話をまとめた『古事記』にこんな話がある。

最初の夫婦神《めおとがみ》であるイザナギとイザナミは淡路島からはじめて、四国、九州、本州と次々と「国生《くにう》み」をした。最後にイザナミは火の神を産んで焼かれて死んでしまう。夫のイザナギは「見るな」と言われたのにイザナミの屍《しかばね》を見て穢《けが》れてしまう。日向《ひゅうが》の海辺までたどり着いたイザナギは海に入って禊《みそぎ》・祓《はら》いをおこない穢《けが》れを落とす。

その時、浄《きよ》められたイザナギの持ち物と衣類、体から次々と神々が誕生する。そして最後に左目を洗うと太陽神のアマテラスが、右目を洗うと月神のツクヨミが、鼻を洗うとヤマタノオロチ退治で活躍するスサノオが生まれた。

この話は、禊《みそぎ》・祓《はら》いがたんに罪《つみ》・穢《けが》れを落とすだけではなく、その行為から尊いものが生まれてくるという古代人の認識を神話化したものだ。

神道では今も、６月末と12月末に大祓《おおはらえ》の儀式をおこない、１年の罪《つみ》・穢《けが》れを落とすが、民間でも12月13日にすす払いをおこなって１年の汚れを払《はら》い清《きよ》め、新たな気分で新しい年を迎える風習が各地に残っている。年末、会社でおこなう大掃除もそのひとつだ。

日本人にとって掃除とはまさに再生の儀式である。消極的に溜《た》まった汚れを落とすだけでなく、積極的に新たなものを生み出す行為なのだ。

③日本人の労働観と環境整備

働くことに生きがいを求める

労働に対する日本人と欧米人の基本的考え方の差異はよく言われるところである。宗教観の違いが基礎にあるとの指摘もある。

欧米人は「労働は神が与えた罰《ばつ》」と考えるという。ギリシャ神話にある、神に罰《ばつ》を与えられたシジフォスが大きな岩を山上まで押し上げても押し上げても今一歩で転がり落ちて永遠の作業を強いられた「シジフォスの石積み」寓話《ぐうわ》でもそうだが、罰《ばつ》としての労働は耐え忍ぶものという考えだ。英語で労働を意味する「Labor（レイバー）」には「労苦」

「骨折り」のニュアンスが強く、「分娩《ぶんべん》」「陣痛」という意味もある。

旧約聖書のアダムとイブの神話が起源かも知れない。エデンの園で遊び暮らしていた2人は、知恵の実を食べるという罪《つみ》を犯してしまったことで、神から「男はこれから額《ひたい》に汗して働くという罰《ばつ》、女は陣痛の苦しみという罰《ばつ》」を与えられたとなっている。

一方、日本の神話に登場する神々は働き者だ。天上で機を織《お》る女神もいれば、山の神は春になれば里にやって来て、田植えと稲刈りを手伝う。日本人にとって働くことは神様たちの助けでともに耕し、モノをつくる楽しい作業であって、自らを高め共同体のためになることを励《はげ》みにして成り立っていたと言える。

日本の経営者は、欧米の経営者と違って、社員との距離が近い。欧米の大企業では使用する食堂もエレベータも経営者と社員では違っていたりする。ましてや欧米の経営者が自ら社内の掃除をするなんてことはありえない。

しかし日本は現在も天皇陛下が皇居内の水田で、長靴をはいて種もみから育てた米の苗の田植えをされる。皇后は皇居の御養蚕所《ごようさんじょ》で、純国産のカイコに桑の葉を与える行事を続けられている。そういう日本の伝統のもとで、経営者と社員が一体となって働き、そこに人生の喜びと生き甲斐を見出すところが、日本の会社の強いところではないだろうか。

さらに日本人の労働観に大きな影響を与えたのは、江戸時代初期に勤勉の精神を説いて活躍した在野の禅僧の鈴木正三《すずきしょうさん》（1579～1655年）である。ある日、「毎日仕事が忙しい。こうした中で、どうやって仏道を究《きわ》めたらいいのか」と問われた鈴木正三《すずきしょうさん》はこう答えたという。

「忙しいとこぼしている仕事そのものが修行なのだ。農民なら一所懸命に稲をつくる、職人なら一所懸命にモノをつくる。これが即ち仏に仕える道だ」

同じように仏道修行にこと寄せて、職業倫理を説いた人に江戸時代の思想家、石田《いしだ》梅岩《ばいがん》（1685～1744年）がいる。士農工商の身分制度の下で、商いが卑《いや》しい職業とされた時代に、「ものを売り買いする仕事も仏道修行である」とし、何の職業であれ、与えられた仕事に全力を傾注《けいちゅう》することの意義を説いた。

こうした労働観は、江戸時代を貫《つらぬ》いており、明治以降の日本が近代化をスムーズに展開する力となった。

近代社会になって、農村の共同体が会社に代わっても、日本人の伝統的な労働観は引き継がれてきた。モノづくりの現場では、少しでも製品の質を高めようと努力し、サービスにも心を込める精神を大切にしてきた。与えられた仕事に全力を注《そそ》ぎ、その結果に生きがい、働きがいを見出してきたのだ。

伝統的労働観と戦後教育のギャップ

ところが、１９４５年の敗戦を機に、労働を取り巻く状況に大きな変化が襲《おそ》った。先に触れた躾《しつけ》教育が、「封建的だ」と批判されて衰退するのに合わせるようにして労働観、職業倫理も退廃《たいはい》を始める。

一倉定《いちくらさだむ》先生が、中小企業を中心に環境整備の導入指導に取り組まれたのは、１９７０年代のことだ。ちょうどそのころ、戦後生まれの若者が社会人として働きはじめて数年たっていた。戦前の躾《しつけ》教育を受けた経営陣と若い社員との間で労働に対する価値観のギャップが先鋭化してきた時代だった。

一倉先生は経営者から、トップダウンの形で環境整備を進めることで、そのギャップを埋めようとしたとも言える。

職場の環境を改善し生産性を高めることで、疎《おろそ》かになっている躾《しつけ》を社員に身につけさせる効果を果たした。それが環境整備が多くの中小企業に受け入れられ、成果を上げた要因でもあった。

私はさらにそれを推し進め、社員自らが主体的に、掃除という誰にでもできる簡単で単純な行動を究《きわ》めることによって、自分の仕事をコツコツと一所懸命に努力し、それによって自分もうれしいし周りの人も喜ぶということを社員が学ぶことを狙《ねら》っている。同じ仕事でも心のもち方を変えることで、自分を取り巻く世界が変わることを身をもって学んでほしいのだ。

自分たちの手で一日一日職場を働きやすい環境へと改善してゆく中で、職場がきれいに整えられていく変化を見て、そのすがすがしさ、気持ちのよさを体感し、周囲の人が喜ぶ姿を見る。

これが1回の経験であれば、すぐに忘れるが、毎日継続することで、次第に職場を大事にしたい、自分の仕事を大切にしたい、仕事を究《きわ》めていきたいと思うようになり、それが生きがいとなり、働く幸福感をもたらすようになる。

環境整備を実践することによって、日本人が育《はぐく》んできた伝統的な労働観を遠い意識の底から呼び覚ます役割を果たしているのだ。掃除道から導き出された私の環境整備は、まさにそのための実践メソッドである。

丁稚《でっち》奉公という人材育成法

日本の伝統的な人材育成法としての丁稚奉公《でっちぼうこう》にも触れておく必要がある。

かつて商売を志すものは、十代、それも早いうちに商家の丁稚《でっち》として奉公し、住み込みで仕事を覚えた。モノづくりの職人であれば、徒弟《とてい》制度のもとで親方《おやかた》について修業した。

奉公《ほうこう》、修業期間は無給である。そのかわり、仕事に必要な知識、作業を番頭《ばんとう》、親方《おやかた》、大将《たいしょう》の下で一から叩き込まれる。ともに修業期間は無制限にあるわけではない。平均的には４年間の修行期間を経て、一人前と認められれば、有給での４年間を「お礼奉公《ぼうこう》」として勤め、独立してゆく。

おもしろいことに、奉公《ほうこう》、修業で最初に教わるのは掃除であった。店舗、作業場の周りの掃き掃除、雑巾《ぞうきん》がけを徹底して教えた。新人に雑用を押しつけたというわけではない。社会人として一人前に育てるために、掃除が基本であり、教育効果があるとの社会の共通認識があったのだ。

こうした方法は、落語家など芸道の修業、囲碁将棋の世界でも同じだという。人のために尽くす、感謝の気持ちを育てるなどの人材育成効果が大きいことが意識されているのだ。

もちろん現代では、無給での奉公《ほうこう》、修業などが労働法上許されるべくもない。私が共感するのは、丁稚奉公《でっちぼうこう》が短期間での人材育成を達成していることと、掃除がもつ人材育成効果であって、私の環境整備が徹底した掃除から始めるのと同じ発想なのである。

3年で人材を育成する

一般に会社では、役員になるのに勤続30年は必要だろうとか、一人前の営業マンに育てるには　10年や20年かかるとか、気の長い話をしている。果たしてそうだろうか。

私は、大学時代に少林寺拳法《しょうりんじけんぽう》部にいた。その時に実感したのは、人材育成は3年で可能だ、いや3年で育てなければならないということだ。

学生時代に体育会系の活動の経験がある方はわかると思うが、まったくの素人で1年生が入ってくることも多い。となると、２年生が1年生を教え、３年生が2年生を教え、３年生の後半には、人を教えるだけでなく部を運営する人材に育っていないと部活動はもたない。人間としてはまだ完成していないけれど、責任ある立場に就いて、失敗しながら学び続けて人を指導する必要がある。あと10年待ってほしいなどと悠長《ゆうちょう》なことは言っていられない。

そのサイクルで体育会系の組織は運営されている。３年で人が育つ仕組みがしっかりとあって、毎年人が代わりながら、その運営が80年、90年連綿と続いているのが伝統ある体育会系の運営なのだ。

そう考えると、会社においても3年で人を育てる仕組みはつくれるということになる。社員教育についても、しっかりと会社の理念として経営計画に仕組み化されていれば可能なのだ。この観点からも丁稚《でっち》制度から学ぶことは多い。環境整備はそれに対する答えのひとつなのである。

「守・破・離」の重要性

大学の少林寺拳法部《しょうりんじけんぽう》では、「守《しゅ》・破《は》・離《り》」の重要性というのを叩き込まれた。「守《しゅ》・破《は》・離《り》」とは、武道や芸道で使われる言葉で、修業の原則を表現している。

まずは師匠の教えを「型」として忠実に守ることから修業は始まる(守)。それを体得すれば、次の段階で教わった型を自分に合うように変更し(破)、最終的には、師匠の教えからも変更した型からも自由になり型を意識しなくなる(離)、ということだ。

わび茶を創始した千利休《せんのりきゅう》(1522~1591年)の教えをまとめた「利休道歌《りきゅうどうか》」のひとつに、「規矩作法《きくさほう》守り尽くして破るとも離るるとても本《もと》を忘るな」(師匠の教えを守り通した後に、いずれそれを打破して離れていくことも大切だが、教えられた基本精神は忘れてはいけない)とあるのが原典らしい。

少林寺拳法部《しょうりんじけんぽう》の経験で言うと、最初に型から入った時には、窮屈《きゅうくつ》でやりづらいなと思うものだが、2年、3年と続けて型を身につけると、そのうちにめきめきと強くなる時期が来る。そうなると体も心も自由になる。

逆に、面倒だ、窮屈《きゅうくつ》だというので型を初歩の段階で無視して自己流でやっていると、一見、喧嘩拳法《けんかけんぽう》が強くなるが、そこで伸び悩んでしまうことになる。だから基本、型は大事だと口を酸《す》っぱくして指導するのだ。

掃除も環境整備も、はじめに原則、型を指導すると面倒くさがる人が出てくる。しかし、３年経って、その原則が習慣化されてくると、どれだけ自由になれたかを実感することができる。

私は、少林寺拳法《しょうりんじけんぽう》を通じて学んだ「３年で人を育てる方法」と、「守破離《しゅはり》の原則」を環境整備にも応用して、確実に効果が上がる方法を指導している。

④道元禅《どうげんぜん》と環境整備の接点

只管打坐《しかんたざ》の精神

私が掃除道の普及にあたって、曹洞禅《そうとうぜん》を開いた道元禅師《どうげんぜんじ》（1200〜1253年）の「今できることを今すぐ行動する」という意味の「而今《じこん》」の精神に共鳴して「動禅《どうぜん》掃除道」と名づけたことは第2章で紹介した。

而今《じこん》の精神についてさらに付け加えるならば、過去および将来について心を奪われる前に、目の前のことに集中することを求めているのである。

道元は、「只管打坐《しかんたざ》」を掲《かか》げる。ただひたすらに坐禅に励めという。道元の禅においては、坐禅は将来の悟りを開くための手段ではない。今現在の坐禅という行動こそが、円満な悟りなのだという。

私が、掃除、環境整備をたんに生産効率を上げるための会社発展の手段に限定して考えず、それを集中して実践することこそが、会社と社員の心構えを変革する目に見えない力を秘めていると強調しているのと一脈通じるものがあると感じている。

日常の規律を大切に

また道元は、禅堂での修行に関して事細かく規律(清規《しんぎ》)を定め、僧たちにその遵守《じゅんしゅ》を求めている。その内容は、靴の揃え方から、洗顔の仕方、東司《とうす》(トイレ)の使用作法まで多岐にわたっている。そのひとつを紹介してみよう。

禅堂の食事を司《つかさど》る要職である「典座《てんぞ》」の仕事について書いた『典座教訓《てんぞきょうくん》』の中にある典座《てんぞ》の仕事の手順と食器類の整理に関する一節である。現代文に翻訳するとこうだ。

「明日の朝のお粥《かゆ》のおかずを準備するときに、今日の昼食に用いたご飯や汁物などの後片づけもする。飯櫃《めしびつ》や汁桶《しるおけ》、および食器・道具類もみな、まごころをこめてきれいにし洗い清める。あちらこちらと、高い所に置いてよいものは高い所に、低い所に置くべきものは低い所に置きなさい。高い所は高い所で平らかに、低い所は低い所で安定させ、菜箸《さいばし》や杓子《しゃくし》などの類のすべての器物《きぶつ》も、同様によく片づけ、まごころをこめて点検し丁寧にとり扱い、そっと置きなさい。そうした後に明日の昼食の材料の準備にかかる」

この細やかな配慮に満ちたマニュアルで指示されているのは、まさに私が指導する環境整備の精神である。書かれている片づけの心配りは、次の作業をスムーズにムダなく進めるためのものとなっている。

なにもそこまで細かく書かなくてもと思われる向きもあるかもしれないが、日常の生活の些事《さじ》にわたるまで配慮されたマニュアルを示し守らせることで、生活環境を整えるだけでなく、携《たずさ》わる修行僧たちに、気づきによる行動と心の変化を促しているのであろう。

清楚《せいそ》な禅寺でのシンプルな中にもピンと張り詰めた空気が伝わってくるようだ。

環境整備は楽しんでおこなう遊行《ゆぎょう》である

だからといって私は禅寺の運営方針を会社での環境整備にもち込もうとしているわけではない。たまたま目にした道元の著作に書かれている内容が、私が言わんとしていることとあまりに類似しているのに驚いたので紹介したまでである。

私は、環境整備は上からの押し付けでは効果が上がらないと考えている。環境整備は「苦行《くぎょう》」ではないのである。みんなでわいわいと楽しみながら考えおこなえる「楽行《らくぎょう》」でこそ長続きする。

むしろ、社員が共通の目的で知恵を出し合って一緒に作業に取り組み、その結果を確認して、成果が上がれば誉《ほ》めてあげ、さらに上の目標を目指してヤル気がでるような仕組みをもたせた「遊行《ゆぎょう》」であることを目指している。

朝15分の掃除では、無我夢中に楽しんで掃除に取り組むことが理想だ。

仏教で説明できる環境整備

仏教の専門家でも研究者でもない私が、これ以上仏教に踏み込むのもおこがましいのだが、お許しをいただいて、あとひとつだけ書いてみたいことがある。

人生の奥義でもある仏教の教義をみると、妙に環境整備の狙いと効果が説明できてしまうのである。

仏教では、他者への正しい対応法として6つをあげている。次の六波羅蜜《ろくはらみつ》である。

下段は、私なりの動禅《どうぜん》掃除道的解釈である。

・布施《ふせ》（施《ほどこ》しをする）　他者への思いやりによる利他の行動・実践
・持戒《じかい》（決まりを守る）やることと守ることを決めたら守る
・忍辱《にんにく》（耐え忍ぶ）　トイレ掃除など人の嫌がる掃除もやる
・精進《しょうじん》（努め励む）　掃除に励むこと
・禅定《ぜんじょう》（瞑想する）　掃除に集中すること
・智慧《ちえ》（空《くう》の会得《えとく》）　日々変わりつづけることを知ること

⑤ここまでわかってきた環境整備の脳内メカニズム

ワーキングメモリがカギを握る

部屋が散らかっているとなぜ人は行動が消極的になるのか。

逆にいうと、部屋が片づくとなぜ人は積極的に変化するのだろうか。まさに環境整備が会社と社員に変化をもたらす理由に関わる問題である。視点を変えると、なぜ世の中には片づけ上手《じょうず》と片づけ下手《べた》が存在するのかという疑問に繋《つな》がる。

これまでは経験則から、「そんなのは言うまでもないこと」で終わっていたのだが、近年の心理学、脳神経科学の研究の成果から、その謎が解き明かされてきた。

脳内のワーキングメモリという機能がカギを握っていたのだ。

ワーキングメモリとは、大脳の中で額《ひたい》のあたりにある前頭前野《ぜんとうぜんや》と呼ばれる部分に関わる機能をいう。この問題の研究に携《たずさ》わってきた篠原菊紀《しのはらきくのり》東京理科大学総合研究機構兼任教授によれば、情報や記憶を脳に一時的にメモして、それらを組み合わせて何らかの結論を得る機能だ。「脳のメモ帳」のようなものである。

われわれ人間は、このワーキングメモリを使って、考え、段取りをし、結論を出し、他人とのコミュニケーションを図っている。われわれが今話題にしている片づけに関してもワーキングメモリが大きく関わっていることがわかってきた。

一方、空間認識能力は、脳内でも頭のてっぺんにある頭頂連合野《とうちょうれんごうや》という部分が司《つかさど》っており、ワーキングメモリは頭頂連合野《とうちょうれんごうや》の機能と共同して、把握した空間の中のどこになにをどう片づけるかを決めている。それが「片づけ脳」だ。

ワーキングメモリは鍛《きた》えることができる

細かい説明は省《はぶ》くが、このワーキングメモリは、効率的にモノを片づける工夫をすることで鍛《きた》えることができ記憶処理容量が増え、片づけの能力が上がることになる。そしてそのトレーニング効果は、片づけ脳だけでなく、前頭葉《ぜんとうよう》の他の機能にも及ぶことがわかっており、前頭葉《ぜんとうよう》が担当する他の高度な知的活動の能力もアップする。

片づけ・掃除を実践することで社員からの改善提案が増えるという、これまで紹介してきた環境整備の波及効果の事例も脳内メカニズム的に裏付けがあったのだ。

片づけができない原因

逆に前頭葉《ぜんとうよう》の働きが弱ってくると状況の変化に対応する能力が落ちてくる。すると、不要なものも溜《た》めておこうとするようになり、ものが捨てられなくなってしまう。

適正な片づけができなくなるのだ。

また、ワーキングメモリは鍛《きた》えれば容量が増えるといったが、その容量増には限界がある。短期記憶の情報のまとまり(チャンク)で数えると、普通は３チャンク、多い人でも５～９チャンクにしかならない。

部屋が散らかっていると、その片づけの段取りに多くの容量が使われてしまい、ワーキングメモリに、人とのコミュニケーションなど他の作業に対応する余裕がなくなってしまう。汚い部屋が周囲とのコミュニケーションを悪くし、余裕をもって物事を考え処理できないという悪循環に陥《おちい》ってしまうのだ。

環境の散らかりと脳内の混乱は連動する

ワーキングメモリ研究の先駆者の一人である米ノースフロリダ大学のトレーシー・アロウェイ教授(心理学)は、自著『脳のワークキングメモリを鍛える』の中で、同書執筆の動機となった、乱雑な狭いアパートで暮らした時の家族の悲惨な体験と大掃除の効果について自ら報告している。ものが多すぎたのだ。それによって、息子は常にイライラし、教授夫妻はなくした書類の紛失の責任をなすりつけあって険悪《けんあく》となった。

思い切って毎日使うものだけ残してすべて処分したあと、「処分せざるをえなかったものがそのうちに恋しくなるだろう」との懸念《けねん》は杞憂《きゆう》に終わり、「ゆとりの空間が生まれたことでワーキングメモリを有効活用できるようになり、執筆のための調査、夕食の支度《したく》、料金の支払い、旅行の計画などが効率的にできるようになった」と振り返っている。

「環境が人をつくり、人はその環境をつくり変えることができる」

では第Ⅱ篇で、主体的にあなたの会社をつくり変える環境整備プログラムの導入方法を紹介しよう。

【第Ⅱ篇】 実践〈環境整備〉導入法

第4章　環境整備導入の6つのステップ

整理・整頓・清掃・清潔・習慣・仕組み化のステップの実際

第Ⅰ篇では、会社経営に大きな利益をもたらす環境整備に関する「今村メソッド」の基本的考え方とその効果について見てきた。

第Ⅱ篇では、それを踏まえて、各企業においてどのような手順で導入を進めていけばいいのかについて書いてみよう。

ここまでのところで、今村式の環境整備は掃除道を基本としていることを繰り返してきた。掃除が個人、家庭においても、単に「きれいになりました」だけではなく、個人のヤル気に大きな効果を発揮し、人を変える力があることを述べてきた。

会社においても同様に、環境整備を通じて「物理的環境、人的環境、コミュニケーション的環境」を整えることで、社員たちが自ら積極的に働く姿勢を手に入れ、社員個々人のヤル気を引き出すことができる。環境整備は社員の心に革命の火を灯《とも》す、人材育成効果がある。環境が人を創り、その環境は人が創りだすということである。

ひいては、その環境を会社全体の社風、企業文化として根づかせることができれば、会社の業績アップに必ず繋《つな》がることを強調しておきたい。このことは、私がこれまで指導してきた会社において、1社の例外もなく実績を上げているのだ。

掃除道において、掃除とは、「整理」「整頓」「清掃」「清潔」を徹底することだと定義していることはすでに繰り返し説明してきた。今村式環境整備では、さらに「習慣」と「仕組み化」を組み込んで「6S」としている。私の指導法では、次のように「整理」から始めて「仕組み化」までの6Sを6段階のステップとして導入することになる。

1.「**整理**」
2.「**整頓**」
3.「**清掃**」
4.「**清潔**」
5.「**習慣**」
6.「**仕組み化**」

では、6つのステップのそれぞれについて順を追って説明していこう。

1. 整理

捨てることから始めよ

「整理整頓」という四字熟語があるので一緒くたにされているが、「整理」と「整頓」は違う。

「整理」とは、ひと言でいうと「捨てる」ことである。家庭内の掃除を想い浮かべてもらえればわかると思う。部屋の中に大量の要らないものがあると、掃除機をかけようが雑巾《ぞうきん》がけをいくら丹念《たんねん》にやろうが、片づくものではない。環境整備でも同じことである。社内を見渡して要らないものを思い切って捨てることからすべては始まるのだ。

したがって環境整備プロジェクトが成功するかどうかは、最初のこの整理(捨てる)をどこまで徹底しておこなうことができるかどうかにかかっている。捨てることには痛みをともなう。しかし、この痛みを味わった者だけが、深い反省をし、二度と繰り返さない、と強い決意をすることができるのである。捨てる勇気をもつことが強い企業づくりの第一歩なのである。

「うちの会社にはムダなものはひとつもない」とおっしゃるかもしれないが、意外や意外、事務室は使っていない書類や備品であふれている。あるいは工場であれば、何

整理とは、不要なモノを捨てること

年も使ったこともない工具があったりする。

整理のイメージとしてホテルの部屋を思い浮かべるのがいいだろう。ムダなものは何ひとつない。だが必要なものは机まわり、バス・トイレにすべてそろっている。洗面台の前に立てば、初めて宿泊するホテルであっても、どこに何があるかすぐにわかるように配置されている。

室内で散らかっているのは、スーツケースから取り出した自分の荷物ぐらいだ。室内がすっきりとしているから、スーツケースから取り出した荷物が紛《まぎ》れることもない。朝になればさっと荷造りして出かけることができる。

利用者にとっても使い勝手がいいし、清掃担当員も、ものが少ないからどこの何が使われたかがひと目でわかって、それを補充すれば済む。室内にムダなものがないから、掃除機をかけるにも簡単だ。

あるいは飛行機のコックピットはどうだろう。要らないものは何ひとつ置かれていない。機長、副操縦士が持ち込むものは、クルーバッグひとつだけだ。マニュアルでの飛行前点呼・点検が終われば、バッグに仕舞いこむから、飛行中のコックピットには何もない。シンプルな空間だからこそ、コックピットクルーは、計器盤をにらんで操縦に集中、専念できる。

会社でも同じことである。不要なものがあるから、その中から必要な書類、用具を探すのにムダな時間を費やすことになる。散らかっている職場では、やるべき仕事に集中できなくなる。必要なものだけでスッキリしたシンプルな職場であればこそ、集中できて作業効率が上がることになる。

まずは捨てることから環境整備は始まると心得るべきなのだ。

適正量のモノしかもたない

必要なものしかないホテルの部屋の話をした。私は出張で利用するホテルの室内のものの数を数える。あるホテルでは50個、別のホテルでは29個だった。平均して40個ぐらいだ。

では、一般家庭ではどれぐらいのものがあるだろうか。平均的な4~5人の家族の

第２表　適正量

◎自分が管理、コントロールできる量のモノしかもたない
◎モノは少ないほど管理しやすくなる
◎モノの保管にはスペース（お金）が必要

場合、保有するものの数は約１万点に上《のぼ》るという。それだけのものに囲まれて人は生活している。しかし同じ数の備品、生活用品に囲まれていても片づいている家もあれば、散らかっている家もある。

この差は、暮らしている人の片づけ能力の違いである。残念ながら、ものを管理、コントロールできる量は個人差がある。であれば、**自分が管理、コントロールできる量のものしかもたない**というのが、整理の基本である。

会社でも、まずものの整理に着手する場合、適正量という考え方が大事となる。

「うちの会社は片づけるのが苦手な社員が多いな」と思えば、適正量を少なく設定して思い切って量を減らすことが求められる。

ホテルの部屋や、航空機のコックピットの例でもわかるように、ものは少ないほど管理することが容易になる。

適正量を超えて管理できず手に余るものは、どんどん捨てることが基本だ。

捨てられない理由

環境整備の基本は、不要なものを捨てることから始まることをご理解できただろうか。そんなことはだれでもわかっている。どんな職場でも大掃除で一斉に不要品の処分をしているはずである。ところがいざ整理にとりかかると、なかなか捨てられないものだ。

たとえば、いったん捨てようと引き出しやキャビネットから取り出したものの、やっぱりとっておこうとしまい込む光景は職場の大掃除での定番である。

では、なぜ捨てられないのかを考えてみる。社員からは様々な言い訳が上がってくるだろう。

「買った時は高かったからもったいない」「まだ壊《こわ》れていない」「いつか使うかもしれない」「思い入れがある」「小さいから邪魔《じゃま》にならない」「もらった人に失礼になる」「あと

で後悔するかもしれない」……。

捨てられない理由はいくらでも出てくる。「まだ壊《こわ》れていない」と言い出したら、手元のもので壊《こわ》れていないものが99％、ほとんどだ。何も捨てられなくなる。まして会社の経費で買ったものはなおさらだ。だから、会社一斉で大きな整理をするときに重要な役割を担うのが社長だ。

社員が「小さくて邪魔《じゃま》にならないから、まあいいや」とか「壊れてないから、捨てるのはもったいない」と言って、整理を先送りするところを、社長が明確に判断して指示しなければならない。

学習塾を経営していたころのことである。半年に1度の大掃除で、生徒が置き忘れていった消しゴムが50個ほど出てきた。取りに来るかもしれないからと保管しておいたものだが、だれも取りに来ないから残っている。邪魔《じゃま》にならないから保管してあるのだが、もしこれが直径1メートルの消しゴムだとしたら、そんなものはゴミとして処分しているだろう。何を言いたいかというと、不要なものを保管しているということは、それだけのスペースに金がかかっていると経営者なら深刻に考えるべきなのだ。

先にあげた捨てられない理由をそれぞれ考えてみると、一見、ものを大切にしているようでいて、ムダを取り込んで金を粗末にしているのだ。会社の未来を粗末にしていることになる。

なぜ、ものが増えるのか

家庭を例にあげると、片づいている家はものが増えない。逆に散らかった家はどんどんものが増えていく。極端な例だが、私が千軒も訪ね歩いた〝ゴミ屋敷〟では、ものは増える一方だ。そして足の踏み場もなくなってしまい、片づける気力もなくなってしまう。

なぜ、ものが増えるのかというと、その家の主が次々と買ってきたもの、もらったもの、拾ったものを捨てないからだ。会社では拾ったものというのはないだろうから、買ったものが捨てるものより多いために、ものが増えていく。本当に必要なもの以外は買わず、不要となったものは捨てる。これを心がけるだけで、社内の環境は見違えるようにすっきりとする。

第３表　捨てる判断基準

魔法の質問　ひとつひとつ手にとり自問自答する
◎「今、使っている？　使っていない？」
×「まだ使える？　使えない？」
×「高かった？　高くない？」
×「懐かしい？　懐かしくない？」
×「壊れている？　壊れていない？」
使っていないかぎりは不要なモノ＝ゴミ

ものを整理する習慣が根づくと、「なぜこんなものを買ったのか」というムダに気づくようになる。社長から末端の社員まで、「もうムダな買い物はしない」と心がけるようになる。

「今、使っているかどうか」が唯一の判断基準

環境整備の入り口での、ものを整理する際の基準は単純だ。ひとつひとつ整理するものを手にとって、こう自問自答すればいい。

「今、使っているか？　使っていないか？」

これだけでいい。

「まだ使えるか？　使えないか？」

「壊《こわ》れているか？　壊《こわ》れていないか？」

「高かったか？　高くなかったか？」

「懐《なつ》かしいか？　懐《なつ》かしくないか？」

などで判断しているかぎり、作業の手が止まり逡巡《しゅんじゅん》するばかりで整理できず、いつまでたっても、せっかくとりかかった整理作業は進まないことになる。その結果、ものは溜《た》まるばかりとなってしまう。

「今、使っているかどうか」の判断は会社によって違うだろう。法的に保管義務期間のある書類も注意が必要だ。また、どのぐらいの期間をおいて定期的に使う可能性があるかを勘案してそれぞれに判断し、ルールを決めればいい。「1年間使っていないものは不要品に分類する」「今後1年を考えて使う機会がないものは捨てる」といった具合に統一の基準を決めて整理してみよう。

私がかかわったある会社では、「3週間使っていないものは処分する」というルールを決めて、工具、資材を処分し、何の不都合もなく、職場はすっきりと整理された。

社長が陣頭指揮に立て

第一ステップの整理の要点は、「まだ使えるけれど使わないもの」を思い切って処分できるかどうかにかかっている。当然、ものを処分するには心の痛みが伴う。捨てる痛みを味わった会社が環境整備に成功する。

痛みが伴うからこそ、環境整備による大きな改革に進むことができる。整理し不要なものを捨てることが、その入口なのである。

捨てていいかどうか、社員は迷うものである。「捨ててしまって、後で社長に叱られないか」と心配していたのでは、整理は進まない。この整理の段階で、社長が率先して陣頭指揮に立つ必要がある。要る・要らないの判断の基準を明確に示し、最終責任は社長が負わないと整理は進まない。社長は、

使っていない限りは不要なモノ＝ゴミである

という覚悟を強くもつ必要がある。ここから改革がスタートする。

第４表　今村式環境整備 ４つのステップ

1.「モノ」の整理 2.「時間」の整理 3.「仕事」の整理 4.「人」の整頓 改革のもっとも簡単なスタートは「モノの整理」から

モノの整理は会社の未来に大きく波及する

環境整備は「モノの整理」から始まるが、単なる掃除ではない。モノの整理を通じて、何がムダか、ムダとは何かについて社内に会話が成立するようになる。

「モノの整理」から始まって、次には、第Ⅰ篇の事例で見たように、事務のムダの見直しを通じて残業の短縮など「時間の整理」へと進む。さらには「情報の整理」に波及し、浮いた人を必要な部署に振り向ける「仕事の整理」「人の整頓」にまで進めば、会社は、強い経営体質を身につけることとなる。それが今村式環境整備の究極の目標である。

２２３ページの第６表は、「モノの整理」「時間の整理」「仕事の整理」「人の整頓」を簡潔にまとめたものである。

話をモノの整理に戻そう。

私が指導したあるメッキ工場の場合、いわゆる３Ｋ職場であるにもかかわらず、整理から始まった環境整備で、ゴミひとつない職場環境を実現した。同社はさらに在庫のムダを省《はぶ》くことに進み、メッキ材料を作業当日の朝に仕入れることになり、１日の在庫ももたない無在庫経営につなげたのだ。あらかじめ指定した日に材料の仕入れが可能なのは、取引先との信頼関係を構築できたからできることだ。

また、その材料も必要量だけを仕入れ、ムダなく使い切る。これは、環境整備が社員の高い規律をもたらし作業ミスがないという品質の高さが裏づけとなっている。

次に、実際に整理作業を進める方法を紹介する。

〈整理の実践方法〉モノの４分類法

●整理作業をする時は、部署ごとに日を決めて一斉に取りかかる。まずは引き出しを含めて机まわり、キャビネット、ロッカー、倉庫に収納されているモノをすべていったん、出す。

第5表　モノの4分類法

①よく使う　→　収納する
②使わない　→　捨てる、譲る、売る
③頻繁に使うわけではないが必要　→　移動して保管
④迷う、よくわからない　→　保管箱へ

●すべてのものを次の4つに分類し、色違いの付箋《ふせん》をつけ4つの山に分ける。

①よく使う
②使わない
③頻繁《ひんぱん》に使うわけではないが必要
④迷う、よくわからない

●4分類に沿って次の処理をする。

「よく使う」→収納する
「使わない」→手放す（捨てる、譲る、売る）
「頻繁《ひんぱん》に使うわけではないが必要」→倉庫、共通のキャビネットなどに移動して保管
「迷う、よくわからない」→保管箱へ
（ダンボール箱に入れ、半年から1年程度先の日付を箱に書

第６表　今村式環境整備 ４つのステップの内容

1.「モノ」の整理

①環境整備はたんなるお片づけではない

②個人と組織の能力を最大限発揮できる環境をつくる

③実施時間は 15 分でよい。
狭い範囲で「日本一」「世界一」「無上位」を目指す

④直線、直角、水平、垂直、等間隔

⑤仕事道具をピカピカに磨きあげる

⑥掃除で磨かれる「向上心と気づく心」

2.「時間」の整理

①モノを探す時間、迷う時間が減る
使うモノは５秒で取り出せるように
モノを探している１日の平均時間は 30 分

②作業をする時間が減る
(例) キップ　R銀行(第１章事例)

③就業時間中の 15 分ごと何をしたかを２日間記録し、移動時間、会議、事務など内容ごとに色分けして、どのように時間を使っているかを見える化する

④やらないことを決める

3.「仕事」の整理

①「仕事」と「作業」を分ける

②作業の時間は１秒でも減らす工夫、改善

③浮いた時間で何に注力をすべきかを決定する

(例) 営業所での事務をなくし、営業に特化

④攻める部門、守る部門を明確に分けて考える

時間がなく、作業に追われているときには気づけない

⑤明日やることを６個書く。やる順番を書く

迷わないからすぐやる

⑥ミーティング、報告連絡相談、コミュニケーションが良くなる

4.「人」の整頓

①作業が楽になり、人が余る。余剰人員を攻めるべき部門に人員配置する

事例：第１篇 R銀行、住宅ローンセンター、吉野家

②社員が自分の仕事を自分で改善する方法

「10 の誓い」 ※本章 270 ページで解説

③改善提案が数多く上がってくる方法

簡単な仕組みにする。時間がかからない仕組みにする。
チャットワーク、フェイスブックの活用。
上司が反応する（印鑑、コメント）ご褒美あり

いておき、日付が来たらもう1度チェックして判断する）

往々にして、初めての整理の活動はたくさん捨てたつもりでも基準は低いものである。数か月後に再度、整理の日を定めて実行してみると「やっぱりこれも使っていないな」と気づくことが増えているものだ。社員の基準も高まっていくのだ。

環境整備を導入した初年度は特に2、3か月に1度、全社で整理に取り組む日を設けることをおすすめしたい。

2. 整頓

整頓とは、必要な量だけすぐに使えるように配置すること

必要な量をすぐ使えるように配置する

必要なものと不要なものを仕分けるのが「整理」だった。その次のステップが「整頓」となる。整頓を徹底すると会社の生産性、効率性は飛躍的に向上する。また不良品の発生、クレームの発生も減少していく。会社の業績にずばり直結するのが、この整頓だ。

「整頓」とは、「必要な量をすぐ使える状態に配置すること」である。よく考え違いをする人がいる。使わないものを仕舞い込み、職場の見栄えをよくすることが整頓であると誤解している人のことだ。それはたんにゴミを隠蔽《いんぺい》しているに過ぎないのだ。使うものこそ整頓する対象であって、前段の「整理」で見たように、使わないものは処分する（捨てる、譲る、売る）対象なのである。

すぐに使える状態にする前提として、だれにでも、すぐに取り出せなければならない。また使い終わった後には簡単に仕舞えるということでなければならない。そのためには、どこになにがあるかをわかるように

する必要がある。

　次に整頓の原則と考え方を示しておこう。

〈整頓の原則①〉定位置管理

　これが整頓の基本原則だ。必要な備品が今日はこちら、明日はそちらにあるというのでは探すのにひと苦労もふた苦労もする。ある場所から取り出した備品、工具が使用後に別の場所に返されたのでは、どこに何があるのかわからなくなる。

　だれにでもすぐに取り出せ使えるようにするためには、備品のあるべき場所の住所（ありか）を決める必要がある。郵便物や宅配便を間違いなく配達するための郵便番号と住所と考えてもらえばいい。これがないと、備品がすぐに迷子になってしまう。

　まずは第1工場、第2工場や第1プラント、本部棟などの大住所を振り分ける。その下にAゾーン、Bゾーン、○○課などの地区に細分化する。そして、どこの棚の、さらに1段目か2段目かの番地を割り振ることで、その備品の住所が確定する。

　そして備品にその住所を明記し、棚にもどの備品の収納箇所かを書いておくと、迷子が防げる。

〈整頓の原則②〉80％管理

定位置管理に慣れてくると、保管場所が決まったのはいいが、指定箇所にスペースがある限りものを詰め込もうとする。スペースの100％に備品を詰め込んでしまうと、片づけ能力のある人以外は面倒になって片づけなくなる。それを避けるためには、収納スペースの多くても80％ぐらいを使って管理するのがよい。できれば、3分の1程度の空きを残す70％収納を目指したい。スペースに余裕があればこそ、みんながきれいに使おうという気になるからだ。

〈整頓の原則③〉動線収納

備品を取り出し、収納するための動作の距離を1センチでも短くする工夫が必要だ。動作距離が短縮されることは、動作時間の削減につながる。行動時間を1秒でも短くすることは、コストの削減に直結する。

第７表　時間コストを意識する

時間コスト	１歩≒ １ 円
	１秒≒ 1.6円
	１分≒100円

たかが１歩、１秒など大したことないと考えるかもしれないが、会社ではかかるコストは人件費だけではない。人が働くかぎり、不動産代、電気代、その他各種経費がかかっている。１秒には約１・６円のコストがかかっている。１分ならば１００円の計算となる。パートも含め何十人、何百人の職場で年間にすると、コスト削減効果はばかにならない金額となる。経営者はそういうコスト意識をもって環境整備に当たるべきなのだ。さらに管理職ならば、たった数分でもムダから解放されれば、その間に重要な仕事をこなせるはずだ。

目処《めど》としては、ものは5秒で取り出せるかを考える。書類なら30秒以内に出せるか、保管庫の書類は３分で取り出せるかを目安に、収納を設計するように指導している。

〈整頓の原則④〉使用頻度《ひんど》別収納

よく使うものは近くに、あまり使わないものほど遠くに置くという原則だ。棚の場合は、よく使うものは取り出しやすい中段に置く。あまり使わないものは、しゃがめば取り出せる下段に置く。さらに使用頻度《ひんど》の少ないものは、踏み台が必要で取り出しが面倒な上段に置けばいい。定期的に必要となるが普段使わないものであれば、遠くの倉庫でもかまわない。

事務所の場合であれば、1週間や1か月に1回程度しか使わないものは、個人の机の引き出しに仕舞っておく必要はない。必要なスペースをことさら狭くするだけだ。こうしたものは、部署の社員共用のキャビネットに収納しておけばよいだろう。

私が指導に入ったある工場で、動線収納、使用頻度《ひんど》別収納まではスムーズに進めたのだが、収納棚にたどり着くまでの通路にものが積み上げられ、収納を放棄したケースがあった。棚までの通路を確保するための片づけを指示した。整頓の指導をするリーダーは、職場の環境全体をマクロで捉える目が必要なのだ。

〈整頓の原則⑤〉賞味期限

またある工場では、使い残しの塗料を、「いつか使うだろう」と保管していたが、新しく仕入れた塗料から使い、しばらく経って、いざ使おうとすると微妙に変色していて結局廃棄するということがあった。

食品だと賞味期限の日付が入っているが、それ以外のものはそんな記載はないから、使用期限に配慮せずにだらだらともち続けるムダを犯す可能性がある。材料だけでなく機械でも「賞味期限」という考え方で管理し、古いものから使い、期限切れにならないように整頓に細かく配慮する必要がある。

〈整頓の原則⑥〉グルーピング

よく使うものは、近くにまとめて収納するのが効率的だ。何と何がセットで使われるのかは各職場で違うだろう。職場内でよく話し合い検討してグルーピングを考えよう。

家庭を例にあげてイメージを示すと、バーベキューグッズとキャンプ用品を同じ置き場に収納してあれば、遊びに出かけるときに素早く準備できるようなものだ。

また、合わせてどこに置くのが便利かも考えておこう。靴磨きセットは靴箱の近くにないと意味がないようなものだ。

〈整頓の原則⑦〉形跡《けいせき》管理

生産性向上を目指した3S運動の中で生まれてきた生産現場での工具類の整頓方法で、姿《すがた》絵《え》管理、影《かげ》絵《え》管理とも呼ばれる。工具類を収納するボードや棚に、収納すべきレンチやペンチなどの絵姿をシルエットとしてなぞって書いておくと、戻すべき場所がより明確になり、何が持ち出され戻っていないかが一目瞭然《いちもくりょうぜん》となる。

そのシルエットの上に「使用中」と書いておくと、工具を外した際に持ち出しがよりわかりやすくなる。

工場ではすでに導入されている会社が多いと思うが、これを応用して机の引き出しの事務用品も形跡《けいせき》管理することを指導している。

引き出しのサイズに合わせた専用のスポンジマットなどが100円ショップなどで

容易に手に入る。このマットの上にボールペンやホッチキス、ハサミ、のりなどを置いて形をなぞりカッターナイフで切り取って、下地のボール紙の上に置く。その形に合わせて事務用品をはめ込んで管理すると、必要なものを探して引き出しの中をゴソゴソとかき回すこともなくなる。

どの会社でも、引き出しの中にボールペンが何本も死蔵されているものだが、形跡《けいせき》管理をすることで必要以上のものをもつことがなくなり、総務課がうるさくお触《ふ》れを出さなくても、社員に自然と備品節約のくせがつき、自覚するようになる。

また、スポンジマット切り取りの準備をする段階で、「赤と黒のボールペンは必要だが、青色は使わないよな」と、要るものと不要なものを見分ける気づきを促す効果もある。

姿絵《すがたえ》の穴の脇に、収める用品名をシールで貼っておくとよりわかりやすくなる。また切り取り穴の下地に「使用中」と書き、用品にも「元に戻す」のシールを貼っておくと、持ち出したものを元に戻すくせもつく。事務用品はだれの机にも同じものがあって紛《まぎ》れやすいので、用品に使用者の名前をシールで貼り付けておくことをお薦めする。

ある職場で、せっかく形跡《けいせき》管理を導入したのに、引き出しを開けて見せてもらうと、修正ペンが入っていない。どうしたのかと尋ねると、「新しくもらったものが、前のと形が違うので穴に収まらない」という。調達担当が、そのつど適当な文房具を買ってくるからこういうことになる。修正ペンでもボールペン、消しゴムでも、「これが使いやすい」と最上のものを選び、選んだらいつも同じ製品を買うという目をもたねばならない。これが品質管理である。そういうことも形跡《けいせき》管理は気づかせてくれる。形跡《けいせき》管理を高めていくと、定位置定品管理に加え、ムダのない定量管理の意識も高まっていく。工場などの業種にかかわらず、すべての会社に形跡《けいせき》管理を体験して感じとってもらいたいものである。

〈整頓の原則⑧〉NHKとSKD

NHKとSKDとは、放送局と歌劇団のことではない。いずれも整頓を通じた環境整備の究極の目標、原則を示した言葉である。

NHKとは、**改善(K)**、**減らす(H)**、**なくす(N)**の頭文字を覚えやすいように逆に並べた。環境整備とは、改善を続けることで、ムダを減らし、なくすように努力することなのだ。最善はなくす(N)だと覚えておいてほしい。

わかりやすい例を示してみよう。

鉄道のキップの改善と進化である。かつて改札係は入場する利用客のキップにハサミを入れる入鋏《にゅうきょう》という手間のかかる作業をしていた。大量のゴミが出た。数時間ごとにこのキップの細片を集めて捨てていた。だれも当たり前の風景として疑問をもたなかった。その後、だれが思いついたのかハサミに小さな袋を付ける改善がされて、ゴミが散らからなくなった。

さらに、ハサミを入れる必要があるのか、という気づきがあって、ハサミの刃の代わりにスタンプを取り付け、駅名と日付を刻印することになった。たんにゴミを減らすだけでなく、無くしてしまった。キップの不正使用、二重使用を防ぐという入鋏《にゅうきょう》の目的からすれば、駅名と日付を入れることで格段の進歩をしたのだ。

ご存知の通り、機材の進歩で自動改札、そしてカード改札が当たり前となり、今ではキップそのものがなくなった。そして改札作業での人手を無くした。

環境整備はただの掃除ではないと私が強調しているのはこのことなのだ。環境を整備することで、それまで当たり前と思ってきたことに疑問を生み出し、「これでいいのか」「もっと良い方法はないのか」という気づきにつながって、ムダを減らし、なくし、改善していく。不断の気づきを促し改善につなげていくことこそ環境整備の目的なのだ。

問題点に気づき改善点を思いついたら、**すぐやる（S）、必ずやる（K）、できるまでやる（D）**ことが大切である。これがＳＫＤの精神だ。気づいても実行しないのでは、気づかなかったのと同じなのだ。改善提案が出ても実行しないのでは何も変わらない。

ＮＨＫとＳＫＤ。覚えやすいから常に頭に入れておいてもらいたい。

3. 清掃

清掃とは、埃をとり、良い空気環境をつくること

良い空気環境とは

清掃とは、ひと言でいうと「埃《ほこり》をとり、良い空気環境をつくること」である。

埃《ほこり》をとるなら掃除機と雑巾がけだとだれでも思いつくが、社会人になっても実家暮らしの人は掃除のやり方を知らないので、清掃の基本ポイントを第8表にまとめておいた。

空気環境こそが人の思考や行動に大きな影響を与える。人は自分の体質を変えようと思うと食事や水を変えたりする。自分の体質強化のために適したモノを口にするのだ。しかし、空気については目に見えないから、意外に人は無頓着《むとんちゃく》だ。でも考えてみてほしい。食事なら3週間、水なら2日間、口にしなくとも死ぬことはない。しかし、空気はわずか5分吸わなかったら死んでしまうのだ。人は1日に約3万回の呼吸をするといわれている。どれだけ良質の空気の中で過ごすかで、働く者の精神状態も行動も変わってくるのである。社員のヤル気を引き出すための会

第８表　清掃の方法

清掃の方法

◎適切な道具を選ぶ

◎使い方を工夫する

◎基本動作

・上から下へ
・奥から手前へ
・窓側から内側へ
・乾いたモノは乾いたまま清掃

掃除機の使い方

・スピードは１畳に１分
・力を入れすぎずリラックス
・カーペットは強、フローリングは弱
・畳の目に沿って掃除機をかける
・カーペットは十字に
・排気口の向きに注意
・壁際は最後にかける
・上段を掃除するときの活用
・コードを収納するときの注意
・小まめにゴミを捨てる
・道具のメンテナンス

社における環境整備と関係の深いことに触れておこう。

それは換気《かんき》の重要性だ。

あなたが社長なら、社員に「もっと集中しろ」とハッパをかけることは日常茶飯事だろう。会議でウトウトされたのでは頭にくる。前の晩に飲み過ぎて二日酔いで眠気《ねむけ》に襲《おそ》われたという社員は言語道断《ごんごどうだん》だが、社員が仕事に集中できない理由を環境面から考えてみる必要がある。

二酸化炭素といってもピンとこないかもしれないが、実は社員のヤル気、集中度と大きな関係がある。空気中の二酸化炭素濃度が1000ppmを超えると、人間は眠気《ねむけ》を誘われるのである。仮に室内が気温60度、あるいは0《ゼロ》度の環境であったなら、とても集中などできない。改善を考えるだろう。しかし、空気の組成は目に見えないから、集中できない仕事ぶりに「ダラケている」とカミナリを落としてしまうことになる。

では、どうすれば二酸化炭素濃度がわかるのか。ハンディタイプの二酸化炭素濃度計という便利なものが市販されている。通販サイトを開けば1台1万円前後で手に入る。私は、指導する企業にこの濃度計の利用を薦めている。

まずは会議室に濃度計を持ち込むのである。狭い空間に大勢の人間がいると、室内の二酸化炭素濃度が上昇するが、計測された濃度が１０００ppmを超えるとアラームが鳴る仕組みとなっている。アラームが鳴れば窓を開けて換気すればいい。一気に会議室内に生気《せいき》がみなぎる。

すでにこの装置を導入した会社では、会議で社員が活発に発言するようになったと好評である。

濃度計がなくても、こまめな換気《かんき》を心がければ社員の集中度は高まる。空調の普及するようになった社内ではともすれば換気《かんき》に無関心となっている。かつて家庭でも会社でも頻繁《ひんぱん》に換気《かんき》をおこなっていたのはそういうことである。

前にも触れたが、不登校児たちは部屋に閉じこもりがちで窓を開けることもなく、淀《よど》んだ空気の中で暮らし、行動を起こす気力を失っている。換気《かんき》をしようにも部屋にはものが溢《あふ》れていて窓までたどり着けないから、その空気環境を変えられないでいる。そういう部屋には埃《ほこり》だけでなくダニやカビもはびこるから健康にも悪い影響を与えている。極端な例だが、会社と社員のヤル気も同じことなのである。

空気環境を設計する

窓を開ける際も一方の窓を開けただけでは空気は流れない。対角線上の窓を2つ開くと換気《かんき》効果は高い。一方にしか窓がないのなら換気扇《かんきせん》の利用も効果的だ。

良い空気環境というのは二酸化炭素濃度の問題だけではない。山や森に出かけるとだれもが「ああ空気がうまい」と言う。あの感覚だ。酸素が豊富で、木々からはいい香りが放たれている。温度も夏でもひんやりとしていて、湿度も適当だ。それを総合して「いい空気だ」と人は実感する。そういう環境の中で人はリフレッシュするのである。

狭い部屋でも「良いホテルだな」と感じることはないだろうか。そういうホテルは、温度、湿度、香りなど空気環境の設計にとても気を使っている。

中小企業でも業績を上げている会社を訪ねてみると気がつくのだが、共通して空気環境に細かな配慮をしている。社員が集中しないと嘆く前に、できることから空気環境を整えることが大事だ。空気が悪いと人は疲労する。疲労は人を不安で臆病にし、チャレンジ精神を奪ってしまう。自社にとって最善の空気設計をしてみていただきたい。

第９表に、空気に関する基本的な知識をまとめたので参考にしていただきたい。

第9表　空気の正体

(組成)

◎21％の酸素と 78％の窒素。

・酸素濃度が高いほうが快適な感じがする
(例) 酸素カプセル

・普通は血中酸素濃度が 99％。90％を切るとフラフラ

◎酸素が高濃度だと火災の心配あり。

◎濃度が 16 ～ 17％だと一酸化炭素が急激に発生。

・酸欠。石油ストーブは注意が必要

(香り、匂い)

◎香り、匂いは瞬間的に本能に直通する。

・ずっと嫌いな匂いが漂っていたら脳は不快になる

・脳を快にする香りを設計することが大事
(例) お香、アロマ、掃除機にアロマ、換気

・空気清浄機は塵埃(じんあい)を電気で集じんし、臭いはフィルターで脱臭

・樹木や緑に囲まれると安らぎを感じるのは木の香りと緑の相乗効果

・室温、湿度が上がると臭覚は鋭敏になる。35 度より上は鈍る

(温度、湿度)

◎快適性は人によって違う。

・性別、年齢、健康状態…

・ビル管理基準　17 ～ 28 度に快適感

・人の健康のために外気との温度差や部屋間の温度差が少ないほうがよいとされる
※一般的に冬季は 20 ～ 23 度、夏季は 24 ～ 27 度

（気流）

◎快適気流

・冬季は毎秒 0.1 ～ 0.25 メートル

・夏季は毎秒 0.25 ～ 1.0 メートル

◎室内に気流がないと空気が淀む。

（カビ、ダニ、埃）

◎カビ　適正温度 15 ～ 30 度。20 度を越えると急速に繁殖、28 度付近が最も繁殖する。
適正湿度 70 から 95%。湿度が高いほど繁殖する。

◎ダニ　生物学的にはクモの親戚。(5 万種以上)
日本ではチリダニ、イエササラダニ、ツメダニの３種。
50 度以上で虫体と卵が死滅、湿度が 60%以下で繁殖が停止。乾燥に弱い。

◎埃　繊維、車粉、花粉、粉塵、中国の黄砂。

（換気の仕方）

◎目に見えない空気を掃除する。

・勤労者、主婦は１日の 80%以上をオフィス内、自宅で過ごす。さらに老人、病弱者、乳児は部屋の中で過ごす時間が多い。

・赤ちゃんの呼吸数は１分間に 30 ～ 40 回、１日の呼吸数は６万回。大人の２倍以上。

・対角の窓を開放する。ひとつは大きく開放、ひとつは小さく。扇風機の活用。

・換気をしない部屋は人を無気力化させる。

4. 清潔

清潔とは、ピカピカに磨き上げること

磨き上げの効果

環境整備の次の重要なステップが「清潔」である。「汚れを落とし磨き上げる」ことだが、環境整備に取り組む会社は、この段階に到達して、単に生産性が上がり、業績が上がるだけでなく、人材育成の手応えを感じられるようになる。外から見ても、企業風土、社風のようなものを感じられるようになる。その意味で重要なステップなのだ。

3S運動に取り組んできた会社は、読者の中にもあるだろう。3Sで強調する「整理・整頓」までの段階でも生産性は確実に上がる。しかし、掃除道の発想から出発している今村メソッドでは、その先を目指している。

一見、生産性や業績と関係のないように見える、会社の中をピカピカに磨き上げる「清潔」の段階までやりきることによって質の向上が始まる。商品の質、サービスの質、人材の質、社内のあらゆる質が向上していくのである。社員は細かなことに気づき、周囲の人に気を使える能力を身に付けるようになる。働いている社員の向上心や気づきの心に火がつくと、商品

の質が上がり、サービスの質が上がるという効果が現れる。

「社内の汚れ落としとか磨き作業に時間をかけるぐらいなら、営業活動とか生産活動とか業績に直接つながることに時間をふりむけた方がいい」と考えれば、これまでのステップで積み上げてきた効果のさらに先の果実をみすみす捨ててしまうことになる。繰り返しになるが、「清潔」のステップまでやり切って業績が上がらなかった会社は一社もない。例外なく、社員の質が向上し、経営の数字に現れている。

毎日、10分でも15分でも、わずかな時間でいいから磨き上げという「清潔」ステップに時間を取っていただきたい。

その瞬間、会社のステージが変わることを実感していただける。

皆さんの会社で、サービスをもっと高級なものにしていきたい、製品の品質をもっと高めたい、あるいは社のイメージを高めたいとお考えなら「清潔」という第４のステップは外《はず》すことができないのだ。

汚れ落としは４つの掛け算

今、あなたがいるオフィスの周囲を見回してほしい。視界に入る７割か８割は壁、床、窓が占めているはずだ。ここがピカピカになるだけで、「さあやるぞ」というヤル気、前向きな心という潜在意識に大きな影響を与える。

壁、床、窓の汚れを落とすというとゴシゴシと力を入れて落とすイメージだろう。しかし、実際には、それほど力を入れなくても汚れは落とすことができるのだ。

プロのハウスクリーニング業者の作業を見ても、力を入れずスイスイと作業を進めている。どういうことかというと、汚れ落としは、

洗剤×温度×時間×力

という４つの掛け算なのだ。

たとえば、窓の汚れを落として磨き上げるとすると、シャンパーというモップのようなものを洗剤、水に漬《つ》けて拭《ふ》く。洗剤で窓についた油膜を浮かす。次にスクイジー

第 10 表　汚れ落としの原則

汚れ落としは４つの掛け算

洗剤 × 温度 × 時間 × 力

温度と時間のコントロールが大事

【道具】

雑巾、マイクロファイバー、スポンジ、Ｊブラシ、ラストラーレスポンジ、へら、一枚刃、ケレン、メラミンスポンジ、楊枝、スクイジー、バケツ、スプレーボトル

【洗剤】

・重曹、クエン酸、エタノール

・酸性、アルカリ性、塩素系洗剤の３種類でＯＫ

(**重曹**)　油汚れ、酸性汚れ、手垢。
粒子が細かいので研磨効果もあり。
重曹が残ると白っぽくなるので水でしっかり流すこと。
体に優しい。

(**クエン酸**)　尿、水垢、石けんカスなどアルカリ性汚れに。
トイレやバスルームで活躍。

(**エタノール**)　消毒、除菌、消臭効果あり。
キッチン周りに効果あり。

(**塩素系漂白剤**)　カビとり、除菌作用あり、危険。
他の洗剤とは絶対混ぜない。

というゴムの刃の付いたワイパーで掃《は》くようにすると簡単に窓は輝きを取り戻す。力は要らないのだ。

どんな汚れを落とすにも、酸性洗剤、アルカリ性洗剤と塩素系漂白剤があればこと足りる。アルカリ性の汚れには酸性洗剤を、酸性の汚れにはアルカリ性洗剤をそれぞれぶつけて中和すれば汚れは落ちる。あとは拭き取るだけで済む。塩素系漂白剤はトイレなどのしつこい汚れに対処するために使う。洗剤の選択を誤らなければ汚れは簡単に落ちるものなのだ。

温度というのは、温《あたた》めた水、洗剤を使うと汚れは落ちやすくなるということだ。

時間とは、洗剤をつけたあと、汚れが浮くまで一定の時間が必要だということだ。場合によっては10秒のこともあるし、15分かかることもある。プロは、この温度と時間をうまくコントロールして汚れ落としを進めているだけだ。

そして最後に力だ。力といっても力任せにすることではない。デッキブラシやタワシなどの摩擦力をうまく利用することをいう。

一々の汚れ落としの方法は、ここでは省略するが、汚れ落としは、「洗剤×温度×時間×力」の４つの掛け算だという原則を覚えてもらいたい。後は、適切な洗剤と用具を準備することだ。

作業着は白にする

工場であれオフィスであれ、社員の作業着はブルー系の濃い色のものを採用している会社が多い。理由を聞いてみると、「うちは油まみれになるから」「汚れが目立たない方がきれいに見えるから」との返事が返ってくる。しかしこれは発想が逆なのである。ダーク系の作業着を選んでいるということは、「うちは汚い会社だ」ということを宣伝しているようなものだ。

考えてみれば、医師にしても看護師にしても、あるいはコックや板前、菓子職人も、みんな純白の制服、割烹着《かっぽうぎ》を着用している。「清潔」が求められる職場の着衣は白なのだ。環境整備によって、きれいな職場環境をセールスポイント、ブランディングのポイントにしようとしているのだから、白色を着用すべきだ。

汚れが目立たないようにではなく、逆に汚れが目立つことによって、社員は日々、どうすれば汚れなくなるかについて改善の工夫をおこなうようになる。

第1章で紹介したM農園では、ジュースへの異物混入を防ぐためにどうしたかを思い起こしてほしい。

少しの汚れも見逃さないように、床、壁、排水溝のみならず、機械、車両とそのタイヤまで真っ白にした。ホワイト工場を実現することで、製品の質は高まり、ひとつのゴミも見逃さないという社員の意識は、事務のムダに気づき、改善するという次の段階に進んでいった。ついには、コンピュータ・システムからもムダを排除し素早い受注システムを構築し、売上は飛躍的に伸びた。

環境整備に取り組む心構えは、まず環境の色にも反映することを心得てもらいたい。

狭い範囲を短時間で徹底的に

さあ、汚れ落としを始めることになって、全社一斉にヨーイドンで取りかかると失敗するから注意が必要だ。

「清潔」ステップの効果に半信半疑の社員もいる初期の段階で、広い範囲に着手すると、どこも70％程度のできにしかならない。「なあんだ、こんなものか」となると、長続きしないし、それ以上のレベルで磨き上げることができなくなる。

きょうはここをやると区画を決めて、その狭い範囲をこれ以上ないというぐらい100％徹底して磨き上げる。目の前の狭い範囲に一心不乱に取り組んでいるその状態が「集中」なのである。小さな汚れも見落とさず、磨き上げるということに取り組むことが、気づく能力と集中力を高めていくのである。狭い範囲を世界一の水準で磨き上げることを意識してほしい。今月は60％、来月は70％、その次は80％という計画では、いつまでたっても、最初の60％から先にレベルは上がらない。

1か所を最高水準で仕上げると、手をつけなかった隣の区画との差が歴然《れきぜん》となって、次は隣《となり》もやってみようとなる。すると継続しているうちに徐々にピカピカの気持ちのいい空間が広がっていく。

広い会社であれば、まずモデル部署を決めて始めるのもいい。社内でそこだけが、「何か違うぞ」となると、他の部署が見て、「じゃあ、うちもやってみよう」となる。

忙しい企業活動の中で、どの会社も多くの時間を割くことは難しいだろう。始業前、

始業後に10分でも、15分でもいいから、社内磨き上げの時間を取ってもらいたい。限られた時間であるからこそ、

「もっと時間を短縮する方法はないか」

「あの方法はうまくいった」

「この道具の方がいいぞ」

と、細かな気づきの芽が生まれてくる。

そして作業の終わりに2～3分のミーティング時間を設定すると効果的だ。

「こうしたらうまくいった」「この洗剤はだめだ」など、問題点と改善点が共有化されていく。これが大きな社内革命への第一歩なのだ。

5. 習慣

習慣は変えることができる ——— 環境整備を通じて良い習慣を身につける

環境づくりから習慣づくりへ

今村メソッドの環境整備が目指しているのは、単なるきれいな空間づくりではない。それなら、専門業者に任せればすむことである。

私が会社指導で目指す究極の目的は、

「掃除から始める良い習慣づくりと良い環境づくり」

なのである。

なぜ掃除から始めるかといえば、職場の環境が良くなると同時に、毎日自分たちの職場を自分たちの手で掃除するという良い習慣を身につけることで、他のさまざまな良い習慣を格段に身につけやすくなるからだ。

これまでの不登校の子供たちの指導経験でわかったことは、次の4つの習慣のうちひとつでも身につけることができれば、他のジャンルの良い習慣も容易に得られるということだ。そのことを私は何度も目の当たりにした。
その４つとは、

1. 掃除をする
2. 早起きをする
3. 日記を書く（明日やることを５つ書く、でもよい）
4. 十の誓いをたてて毎日チェックする（２７０ページで解説）

ご覧のとおり、４つのうち３つは古典的とさえいえる古くからの習慣である。古典が古典として残っているのは、時代が変わっても変わることがない普遍的なものだからだ。人は毎日の生活の中での小さな変革からしか変わることができない。

そして、この４つの習慣の中で、職場の環境を良くする条件を兼ね備えている習慣は「掃除」である。言い換えれば、「掃除を通して良い習慣をつくる」ことと、「掃除を通して良い環境をつくる」ことは密接に連動しているのだ。

したがって、社員自らが自主的に環境整備に取り組むようになると、皆さんのオフィス、工場にいい習慣が育ち根づいていく。たとえば、

「良いと気づいたことはすぐにとりかかる習慣」
「なにごとにも高い基準で取り組む習慣」
「計画通りにやり切る習慣」
「自発的に動いてワクワク楽しくやる習慣」
「周りの人と力をあわせて一緒にやる習慣」

などが生まれてくる。

一方で、良い環境がつくられて、それが習慣化して定着すれば労災事故も減る。メンタルヘルス面にも好影響が出てくる。

社員全員が良い習慣を身につけて、働く環境も良くなれば、業績は確実に上昇軌道に乗る。このことは、第1章で紹介した各企業が証明している。

人は習慣に支配されている

私はだれ？
私が好きな詩に、こんな詩がある。

私はいつもあなたのそばにいる
いちばん頼りになる助け手でもあれば、大変な厄介者でもある
後押しもすれば、足を引っ張ってしくじらせもする
私はあなたの命令次第
半分だけやって任せてくれれば、
私は残りは手早く正確に片づけてしまう
私の扱いは簡単
念押しは不要
何をしたいか見せてくれれば、少しの練習であとは自動的だ
私はすべての偉大な人物の僕《しもべ》

そして何たることか、すべてのしくじりの主人
偉大な人が偉大になったのは私のため
しくじった人がしくじったのも私のため
私は機械ではないが、機械のような正確さと
人の知性によって動く
私を動かして利益を得ることもできれば、
破壊を招くこともできる
私にはそれは関係ない
私を利用して訓練し、しっかり働かせなさい
そうすればこの世を足もとに従えることさえできる
しかし、甘やかせばあなたを滅ぼす
私はだれか
私は●●

（『人生を築く時間の刻み方』産業能率大学出版部から抜粋）

あえて、最後の行を伏せ字にしておいたが、●●には習慣が入る。

良い習慣を手に入れれば人生を助けてくれるが、悪い習慣を身につければ、人生はだいなしになってしまう。悪い習慣をひとつでも減らし、良い習慣をひとつでも多く育《はぐく》むかで人生は決まってしまう。良い習慣は人を育てるのである。

そのことが身をもってわかったのは、先にも述べた、私が経営する学習塾で不登校の子供たちを指導した経験からだ。

私が長年かかわってきた子供たちは、ヤル気がないのが当たり前、部屋はゴミだらけで、コミュニケーション能力がないどころかひと言も口をきいてくれない子もいた。悪い習慣をいっぱいもっていて、それが環境に表れている子供たちだった。

そんなヤル気ゼロの悪い習慣をもっている子供たちをどうやって指導すればいいか悩み抜いたすえ、心理学、行動科学、タイムマネジメント、マネジメント理論、コーチング、ＮＬＰ、催眠、マインドコントロールなどを学び、さらに教育者と心理学者はもちろんのこと、精神科医、日本一の犬の調教師、動物の調教師、武道の先生、軍隊、そして死刑囚のカウンセラーからやくざの親分まで、ありとあらゆる分野の人に話を聞きに行った。その結果、たどりついたのが習慣教育の大事さである。

ヤル気ゼロの子供を変えるには、早起きなり掃除なりの良い習慣が不可欠であることに気づかされたのである。

人は気づいている気づいていないにかかわらず、脳の習慣や思考の習慣に支配されている。

そのことを実感していただくために私のセミナーでは、参加者の皆さんにじゃんけんの実験をしてもらう。ただし、後出しじゃんけんで負ける方が勝ちというルールでやってもらう。すると、ほとんどの人が頭がこんがらがって動きがとてもにぶくなる。なかには手が出ない人もいる。なぜなら、子供の頃からじゃんけんというのは勝つためにするものだったからである。これも脳の習慣のひとつである。

おもしろいことに、後出しで引き分けにすることは誰でも簡単にできる。先に出した人のグーなりチョキなりを見て単純に真似ればいいからである。人は目に見えるものを単純に受け入れて同じことをするのは努力しないで簡単にできるのだ。

ところで、環境犯罪学の割《わ》れ窓《まど》理論（ブロークンウィンドウ理論）をご存じだろうか。

割《わ》れ窓《まど》理論とは、建物の窓が壊《こわ》れているのを放置すると、誰も注意をはらっていないという象徴になり、やがて他の窓もすべて壊《こわ》される。つまり軽微《けいび》な犯罪であってもその痕跡《こんせき》を放置することによって、それを見た人のモラルを低下させることをフィールド実験で証明した理論である。

昔ニューヨークの街は落書きや未成年の喫煙、騒音、違法駐車が放置され、犯罪が多発していたが、１９９４年、ジュリアーニ市長がゼロトレランス（許容しない）政策をとり街頭パトロールを徹底することで、ニューヨークの治安を改善した話は有名である。

会社も同じで、ちらかって汚い職場では、新しく入ってきた人も影響を受けてモラルが低下し、仕事に対して「これでいいや、適当にやろう」となってしまうのだ。このように目に見える環境は、人の心理に大きな影響を与えて、その人の良いも悪いも思考の習慣として定着させるのである。

逆もまた真なり。会社でいえば、会社の環境とはそこで働いている人たちがもっている習慣の表れであり、通信簿なのである。

良い習慣づくりの7つのステップ

では、良い習慣を身につけるにはどうすればいいのか。私は次の7つのステップを踏むことを提唱している。

①現状認識→②欲求→③決断→④仲間づくり→⑤快感→⑥反復→⑦継続

良い習慣をつくろうと思えば、まず、「このままじゃまずいなあ」と現状認識することが必要だ。まずいと気づいたらメモを取る。

次の段階が「変わりたいなあ」という欲求を強くもつことだ。

そして「変わるぞ」と決意する。一人の決意は揺らぐから、仲間で同じ目標に向かって行動する。「気持ちいい」という快感がなければ続かないから、そのために褒《ほ》められる仕組みをつくることが肝心だ。

次に反復する。これまでの経験から習慣を身につけるには、3週間21日の反復トレーニングが必要だとわかってきた。最初は面倒だと抵抗感のあることも21日続けられれば、継続できるようになる。

頭で考えるだけでは習慣は変えられない。手・足・口を使った行動が潜在意識に働きかけて脳内プログラムを変え、良い習慣づくりの手助けをする。

昔から言われている「夢をもつ。目標をもつ。目標をもったら潜在意識に透徹《とうてつ》するまでイメージトレーニングする」というのは、一部の人にしか通用しない。これまでの人生で成功体験がなく、自信もなく、感性も鈍ってしまった人たちは「夢ももてない。目標ももてない。成功のイメージもできない」。それらを塗り替えていくには逆の順番に習慣を変えていく。つまり行動の習慣づくりから入ることが大事なのだ。行動が変わってくると性格も変わってくる。

こう考えると、体を動かす掃除を毎日おこなう今村メソッドが、良い習慣づくりに有効であることが理解いただけるだろう。

そしてさらに大事なことは、その人が行動を少しでも変えたら、それが些細《ささい》なことでも褒《ほ》めてあげることである。

熱心にその人なりに環境整備に取り組んだら褒《ほ》める。

良い挨拶ができたら褒《ほ》める。
良い電話対応をしたら褒《ほ》める。
たとえ小さなことでも行動だけにフォーカスして認めてあげて褒《ほ》めることがとても大事である。

十の誓い

私は環境整備を全社員の習慣とするため、そしてそのほかの良い習慣を身につけるために、皆さんに「十の誓い」に取り組まれることをおすすめしている。

先に、良い習慣づくりの7つのステップ、

①現状認識→②欲求→③決断→④仲間づくり→⑤快感→⑥反復→⑦継続

について述べたが、⑥反復のトレーニングを始めるときに作成していただきたいのが「十の誓い」である。

会社で取り組む場合の「十の誓い」は、良い仕事をするために手に入れるべき良い習慣を10個書き出し、それを第11表のシートを使って、毎日○×をつけてチェックして

郵便はがき

料金受取人払郵便

神田局承認

2879

差出有効期間
平成30年2月
23日まで
(切手不要)

101−8750

518

(受取人)
東京都千代田区内神田1−3−3
日本経営合理化協会 出版局
読者サービス係 行

このハガキで弊会出版物をご注文いただけます。(裏面にご記入下さい)
お届けは1回のご注文につき、送料全国一律450円です。
請求書・振り込み用紙を同封してお送り致します。

一般財団法人　日本そうじ協会

「日本掃除大賞 2016」の貴重な資料をお送りします

資料ご希望の方は下記に送り先をご記入のうえ、切手を貼らずに当ハガキをご郵送ください。

無料で資料をお送りします。

会社名	(個人の方は記入不要)	お役職	
ご氏名		ご年齢	才
所在地	〒 (代表☎)		
Eメール 新着情報 無料配信			

備考欄（ご感想・ご注文・その他）

第11表　「十の誓い」日毎チェックリスト（　年　月　日～　月　日　）

★毎日必ずチェックしてください

十の誓い（要約）　日付																												予定回数	実施回数	実施率

いくのである。21回連続（3週間連続）でできると、その習慣はほぼ手に入りつつあるといっていいだろう。

〇《マル》1つにつき10点の点数をつけたり、予定回数と実際におこなった実施回数を記入して毎月の実施率を算出したりして、実践の進み具合を数値化して見える化するのも効果的である。

長年にわたって、誓いは3つがいいか、5つがいいか、たくさんの実践を重ねてきたが、効率よく習慣づくりができるのが10個までということが経験でわかってきた。しかし、最初は3つでも5つでもいい。無理して10個にする必要はない。

なお第11表の拡大版を巻末に添付したので、はずしてご記入いただけるようにした。


誓いの行動を決めて書くときのポイントは、

①自分の成長のために作成する
会社で「十の誓い」を取り組む場合は、仕事に役立つ習慣を中心に身につけても

らうが、しかしそれは会社のためではなく、社員一人一人の成長のために作成してもらう。

②決まった４つの誓いを入れる

10個の習慣づくりの中にぜひとも入れておいてもらいたい４つの誓いがある。

それは、「掃除をする」「早起きをする」「日記を書く（明日やることを5つ書く）」「十の誓いを確認する」の４つである。先にも述べたとおり、この４つの習慣が他の習慣を容易に手に入れるキーとなる習慣だからだ。

③自分のダメな部分を明確にする

「十の誓い」の文章は、「今までの私は××でした」と自分の悪い習慣を具体的に書き出すことによって、その悪習慣をまたやってしまったときに「あっ、またやってしまった！」と気づけるようになる。また「マイナス思考をしない」というような「～をしない」という誓いは書かない。「～をしない」と書いたことは、うまくいかないことが多いからだ。

（例１）私はこれまで朝ギリギリまで寝ていました。これからは積極的な人になるために、毎朝、鏡の前で「十の誓い」を読んで口にします。

(例2)今まで私は疲れていると、上司への報告連絡相談が適当になっていました。毎日、上司から求められる前に自分のほうからホウレンソウをやります。

④小さなことからでいい

「自分のほうから挨拶をする」

「上司に指示されたらメモをとる」

「相手の話には相槌をうつ」

など、まずは小さな習慣づくりから取り組んで、少しずつでも自信が芽生えるようにする。環境整備のやり方と一緒で、ポイントは狭い範囲をきっちりやる。

⑤5分でできることがいい

いきなり、時間がかかる大がかりな誓いを入れると、実行するのにそれこそ時間がかかってしまう。たとえば、「朝、自宅で新聞を1時間読む」という習慣を身につけようと思うならば、「朝、テーブルの前に座り新聞を広げる」という誓いに変える。１時間というと気持ちが重くなってできなかったものが、５分でできる行動だとヤル気になるからだ。

ちなみに、私がいま取り組んでいる「十の誓い」は、朝の７時までに終わらせようと思えば終わらせられるものである。朝７時までにやるべきことを全部やってしまうので、１日がとても充実するのである。

いずれにせよ、掃除から始める良い習慣づくりと良い環境づくりは、互いに連動しあって、人を育てるという好循環を生み出すものなのだ。

6. 仕組み化

仕組み化とは、良い環境と良い習慣を維持すること

習慣を維持するシステムを考える

しかしほうっておくと、せっかくつくりあげた良い環境も、そして身についた良い習慣も元に戻ってしまう。とくに環境整備の実行リーダーが変わったときやリーダーの意欲が下がったときに停滞が起きやすい。そこで、属人的でない環境整備の仕組み化が必要である。

具体的には、環境整備の手順がマニュアル化されているか、基準が数値化されているか、誰がやってもできるようになっているか、PDCA（計画→実行→評価→改善）がまわるようになっているか、などの条件を備える必要がある。

第12表は、環境と習慣を維持するために必要な仕組み化の要件をまとめたものである。順を追って説明しよう。

〈仕組み化①〉社長自らが先頭に立つ

環境整備に取り組むことを決めたら、まず社長自らが積極的に動くこ

第12表　良い環境・良い習慣を維持するための仕組み化

〈仕組み化①〉	社長自らが先頭に立つ
〈仕組み化②〉	必ず就業時間内におこなう
〈仕組み化③〉	キックオフ・ミーティングを実施する
〈仕組み化④〉	勉強会をおこなう
〈仕組み化⑤〉	環境整備７日間戦争（集中実施の期間を設ける）
〈仕組み化⑥〉	ビフォー・アフターを記録する
〈仕組み化⑦〉	改善シートの活用
〈仕組み化⑧〉	マニュアルとチェックシートの作成
〈仕組み化⑨〉	環境整備委員会を構成する
〈仕組み化⑩〉	評価・表彰の仕組みをつくる

とだ。社員を環境整備の研修に出して報告を受け、「よしわかった。あとは君たちでうまくやってくれ」では社員は動かない。

「そんな環境ができたらいいいな」程度の覚悟では、環境整備とその効果が動き出さない。「絶対に無上位《むじょうい》の職場環境をつくり出して、業績アップにつなげる」という決意で社長が先頭に立って社員を引っ張らないといけない。

たとえば、最初の整理の段階では、社員が捨てていいかどうか迷う場面が必ず出てくる。最終的には社長の判断で、捨てる捨てないを決めないといけない。社長は決然と使っていないものは捨てると決断をするべきだ。

ただし社長は多忙であるから、社長の右腕となる**環境整備の実行リーダー**を幹部・社員の中から2～3名選んでいただきたい。社長は実行リーダーの幹部・社員と目的と目標をひとつにして一丸となって環境整備を推進していく。そうすれば磐石《ばんじゃく》である。

そして、環境整備の実行リーダーに選ばれた社員は、たとえ一般社員であっても「おれが担当役員なんだ」ぐらいの気概《きがい》で臨《のぞ》んでもらいたい。

環境整備を進める中で、のり気でなかったり抵抗する上司や社員が何人か出てくるが、実行リーダーとしてやりにくい場合は、社長を口説き、巻き込んで社長の口から指示や号令をかけてもらうのがいいだろう。

これまでに指導して業績が上がっている会社でも、初期の段階では必ず社内の抵抗勢力が現れて難航する場面に遭遇《そうぐう》している。

だから社長の出番なのだ。できれば、事業発展計画書に環境整備実施について書き込むぐらいの覚悟で取り組むべきだ。

〈仕組み化②〉必ず就業時間内におこなう

環境整備で掃除に取りかかるなら、必ず就業時間内におこなうべきである。「朝早く来てやれ」「就業後に残ってやれ」では業務と思わないから、面倒くさがってだれも本気で取り組まない。「やらされ感」が強いと人は本気でやらないものだ。

朝の始業時間後の15分、終業直前の15分でいいから、給与が伴う勤務時間内でやらなければいけない。

業務時間内でしかも時間が短いからこそ、かえって真剣に掃除や磨き上げに取り組むのだ。真剣に、継続して毎日おこなうことが大事なのである。忙しい職場であるほど短時間でやり切る工夫をする。
費やした時間・費用以上の効果が必ず上がる。

〈仕組み化③〉キックオフ・ミーティングを実施する

環境整備を始めるときにその目的と効果を共有してから始める必要がある。プロジェクトの担当者だけがわかっていたのでは、社員は右往左往《うおうさおう》して混乱するばかりだ。環境整備に対する社内の抵抗勢力を生み出しかねない。そこで各職場の担当者を集めて作戦会議、キックオフ・ミーティングを開く。

ミーティングでは、「**目的**」「**目標**」「**人員**」「**スケジュール**」「**効果**」「**かかる予算**」「**使う道具**」「**具体的やり方**」を示して全員で共有する。出だしのキックオフ・ミーティングがうまくいくかどうかが成否を分けるといってもいいぐらい重要だ。

スケジュールは具体的に決める。今月と来月は使ってないものを捨てること(整理)を集中してやろうとか、その次の月は整頓をしっかり徹底するとか、何月は工場、何月は机の中をやるとか、清掃から清潔まで、具体的に計画を決めておく。

また、リーダー、人員と担当の区画を決めておく。人員では上層部を取り込んで参加させる必要がある。上が命令するだけでは、下の社員は「やらされ感」が募《つの》るだけでなく、「でも、取締役も部長も机の周りは散らかったままじゃないか」では、会社は変わらない。ここでも社長は、まず自らの机、ロッカーを率先して整理することが大事だ。

区画は決めたら、床にテープあるいはペンキで境界を表示しておくとよい。

人員については、区画担当のリーダーを明確にしなければいけない。リーダーは工場長なり、課長から出して、決めたら、区画の壁にリーダーの名前を書いて貼っておけば、責任の所在が明確になり、掃除方法をめぐってのすったもんだも避けられる。

〈仕組み化④〉勉強会をおこなう

キックオフ・ミーティングでリーダークラスで共有した目的、目標、進め方などを、今度は勉強会を通じて一般社員で共有する機会をつくる。あらためて勉強会をする時間がないなら、朝礼の場で、簡単に説明してもいい。目的は環境整備の大事さを伝えることにある。言われたからやる、会社の方針だからやる、だけでは、リーダーが言わなくなった瞬間にだれも真剣にやらなくなってしまう。社員一人一人の心をつかむことが決め手となる。

〈仕組み化⑤〉環境整備7日間戦争（集中実施の期間を設ける）

私が指導してきた中で大きな効果を発揮したものに「環境整備7日間戦争」というのがある。

7日にこだわるわけではない。1週間を限度として、終業後に2、3時間の残業として集中的にムダなものを捨て、磨き上げをおこなうのだ。もちろん残業代を出して業務としておこなう。

第1章のF美容院では、「磨き上げの乱」と名づけて遊び感覚も取り入れ、業務後に全員で、きょうは鏡台まわり、翌日はトイレと場所を限定して徹底的に磨き上げ、スタッフの意識改革に成功した。

この方法は、売上が落ちて雰囲気が停滞している部署で、所属長が交代した直後にやるといい。１週間で見違えるようにきれいになったという経験をすると、「いや、今度のリーダーは本気だわ」「確かに１週間で結果を出したじゃないか」と実感させ、「新しいリーダーで職場が変わるかもしれない」と希望と期待を抱かせることができる。

また１週間でやり切った充実感はその部署の中に濃密なコミュニケーションと連帯感を生み出すことにもなる。

１週間も残業を続けるのは無理という会社で、ある１日を休業して取り組んだ例もある。やり方は会社の実情に合わせて工夫すればよいが、短期間で集中して徹底的に磨き上げ、その成果を実感させるというのがミソなのである。

〈仕組み化⑥〉ビフォー・アフターを記録する

環境整備による変化を社員に実感させる手法に、映像を残す「ビフォー・アフター」という方法を薦めている。整理、整頓、磨き上げの前と後で何がどう変わったかを、同じ場所、同じ角度で撮影して比較できるようにしておく。２枚の写真を見て、参加した社員たちから歓声が上がるほど、革命的変化を驚きをもって確認できる。「課長の机こんなにすっきりしたけれど、これまではなんだったの」と共感してもらえればしめたものだ。きれいな環境を維持しようという意志が育って、元の散らかった状態に戻らないように注意するようになる。

フェイスブックなどのＳＮＳツールを使って、ビフォー・アフターの写真をアップしておけば達成感の共有効果を倍増させることもできる。部署内外から「いいね！」の反応が返ってきたら、「褒《ほ》められ効果」によって、さらにヤル気を引き起こすことになる。

さらにまだ取り組んでいない部署は、やるべき環境整備の基準、目標が目でみて具体的に理解できる伝達効果もある。明確な目標としての最高基準さえわかれば、誰がやっても同じ結果が生まれる「掃除の標準化」につながっていく。

〈仕組み化⑦〉改善シートの活用

ビフォー・アフターの写真比較で、「こんなに変わった」を社員が実感したら、その気づきを改善意識の向上につなげよう。それには第13表のような「改善シート」（本書巻末に拡大版を添付）を利用する。

掃除・片づけ前の写真と後の写真を左右に貼って、どうきれいになったか、のほか、気づいたことを簡単にコメント欄に書き込んで提出してもらう。最初の段階ではそれだけでいい。

はじめから欲張って、成果の理由を考えてもらって分析させるなどの難しい作業を強いると、「ああ、また面倒な仕事量が増えてしまった」とネガティブな感情を刺激して環境整備嫌いを育ててしまうから注意する必要がある。

社員が感じた心地よさと喜びをシンプルに表現させるだけでいい。これが社員の気づきと改善に向けた知恵出しを促すことになる。

改善提案制度を設けている会社は多いと思うが、「社員から提案が上がってこなくて」とお嘆きの経営者が多いのではないだろうか。

社員に実際の改善体験の実感がなければ「提案を出せ出せ」だけでは制度は機能しない。ところが、この簡単な改善シートの提出が軌道に乗ってくると、社内の改善提

第 13 表　改善シート

こんな改善できました

部署　　　　　　氏名　　　　　　　　　日時　　月　　日

タイトル

改善前

改善後

コメント

案だけでなく、実際に実現される改善の数が劇的に増えるようになる。やってみた改善の実感があると、「ここにもムダがあるな」「こうすればコストが減るんじゃないか」「この方が作業しやすいぞ」と、前向きに気づくようになる。

私が指導したある会社では、年間になんと１６００件の改善が成し遂げられた。

私の講座では受講者にこの改善シート提出の宿題を出し、次回の講座で発表してもらっている。次回講座を待たなくても、ＳＮＳを利用してこのシートをアップすれば、それを見て私がコメントすることにしている。本人は、「ここまで徹底して捨てました」とシートを送ってくるが、「写真の中のその備品はいらないのでは？　まだムダがありますよ」と指摘すると、さらに上位を目指すようになっていく。

改善の実感が次の改善を生み続けるのだ。

〈仕組み化⑧〉マニュアルとチェックシートの作成

全社的に環境整備に取り組むようになると、設定した目標が達成されているかをチェックする必要がある。その仕組み化のためのツールがチェックシートだ。そして適確にチェックするためには、どういう状態が達成の基準かを示すマニュアルが必要になる。マニュアルといっても、掃除の手順や基準を示したもので、会社によっては掃除をする場所に貼り出しているところもある。

数社のチェックシートとマニュアルの見本を巻末に添付したので、参照していただきたい。私が経営していた学習塾で使っていたチェックシートも添付した。

ところで、チェックというと、できていないところを叱られるというイメージをもたれかねないが、チェックの目的は、目標を達成していない部分をできるようにすることにある。チェックシートは叱るための仕組みではなく、改善のための教育ツールだと心得てほしい。

チェックシートに記載する基本的な項目を、巻末に添付した私が使っていた学習塾アシストのチェックシート（巻末資料③を参照）で説明すると、各曜日の下にある「担当」は、チェックの担当で、私が経営していた会社は、朝、その部署に出勤した当番社員がチェックする仕組みになっていた。チェック欄には、担当ができているとみれば「○」を記入する。

「玄関はきれいか」以下のチェック項目は、それぞれ、どの状態が達成の基準かをあらかじめ社員にマニュアルで示してある。その日の担当は、自らの部署の達成度をマニュアルに照らしてチェックする。だれがチェックしても同じ評価となるようにする必要がある。

さらにチェック項目の表現は具体的でないと機能しない。たとえば人的項目で「積極的か」などの抽象的な表現では、客観的に評価することができない。「講師は毎回自分のファイルを確認しているか」など具体的に書く。

見る人によって評価が変わるのでは、同じ状態について○がついたりつかなかったりする。これでは意味がない。そこで、項目は具体的に表現し、マニュアルで評価の基準を示しておく必要があるのだ。

「Daily」と書いてある部分は、毎日チェックする項目だ。「Weekly」の欄にある項目は、週に1度チェックする項目だが、窓ガラスのように1週間程度では状況が変わらない項目であって、1週間掃除をしなくてもいいというわけではないので注意されたい。

ずいぶん多項目のチェックが必要なんだなと驚かれるかもしれないが、環境整備が軌道に乗ってきて、評価基準が周知されてくると、あっという間にチェックできる。そしてどんどん改善が進み、ほとんどの項目が◯となる。逆に言うと、そうならないとチェックの意味がないのである。

導入当初は、社長あるいは幹部が現場を巡回してチェックするように指導しているが、習慣づけられてくると、この学習塾のように社員みずからがチェックして、チェックの仕組みが回るようになってくる。チェックシートを壁に貼り付けておけば、この日は何が◯にならなかったのか、なぜ目標が達成されなかったのか、社員の気づきを促すことになる。

このことが私が狙うチェックシートの目的なのだ。チェックという毎日の行為が、仕組みとして有効に回りはじめる。社員がチェックする責任を負い、社員一人一人が自分の問題として足りない点に気づき、上層部がチェックの目を光らせなくても、不達成部分の改善に自らが動くようになる。

チェックシートは、まさに人を育てる仕組みなのだ。

〈仕組み化⑨〉環境整備委員会

仕組み化によって、環境整備は社内のシステムとして回りはじめ、いちいち上から命じなくても自発的に、より上位を目指して動き出す。そのためには環境整備を効率的に管理・運営するための「**環境整備委員会**」を構成するのがよい。

委員は、各部署の環境整備を引っ張る、意識の高いリーダーを選ぶのはもちろんだ。生産管理におけるＰＤＣＡの手法を応用する。

ＰＤＣＡとは、ご存知の通り、

Plan（計画）→Do（実行）→Check（評価）→Act（改善）

の４つの段階を繰り返すことで、業務の継続的な改善を進めることを目指すものだ。

これまで述べてきたように、環境整備にはこの手法がピタリとはまることが理解いただけると思う。

環境整備委員会を定期的に開催し、新たに取り組む環境整備の目的・目標を立ててスケジュールを管理する。

次にキックオフ・ミーティングを主宰し、目的、目標、人員、スケジュール、作業方法を徹底させる。

実行にあたっては、環境整備を楽しく進めるための方法や、消極的な社員をどう巻き込むかなど実施方法を管理し、環境改善の進行具合などの情報を共有して対処する。

前項で説明したチェックシートを定期的に継続してチェックし、現場と話し合いながらチェックシートをより良いものに改善し進化させていく。

チェックの結果、問題点が見つかれば、次の改善策を探り、あるべき姿への指導・教育を担当する。

このPDCAのサイクルを環境整備委員会を核として回してゆくことで、環境整備は永続してより高い目標を目指し続けることになる。これによって環境整備は社風、文化として定着し、会社のブランド力も高まっていく。

〈仕組み化⑩〉評価・順位づくり・表彰の仕組みをつくる

社員の、あるいはもっと広く人間の、といってもよいが、ヤル気を引き出すのには７つの要素があると私は考えている。そして環境整備はこの７つの要素すべてを満たすことができるから社員の心に革命が起きるのだ。

ひとつはビフォー・アフターの効果でも触れた「**達成感**」。そして誰かに認めてもらえる「**承認**」。自分がやらないで誰がやるという「**責任**」。次に、一緒にやる人との「**信頼**」。これをやると自分が成長できるのではないかという「**成長可能性**」。不安を感じずにできるという「**安心**」。そしてもうひとつが、目標を達成するといいことがあるという「**報酬**」の７つだ。

環境整備では、「承認」と「報酬」に着目した仕組みも必要だ。目標を達成したことを認め、褒《ほ》めることだ。当然に部署間でのいい意味での競争が、前向きな結果を導く。そのために、社内外で「優れている」と評価する機会を設けるとよい。社内では部署間で達成度を点数評価して表彰する競争をやればいい。優秀部署に社長から金一封でも出せばよりヤル気を刺激するだろう。

第14表　ヤル気を引き出す７つの要素

1. 達成感
2. 承認
3. 責任
4. 信頼
5. 成長可能性
6. 安心
7. 報酬

社全体の取り組みが社外の公的な機関で評価されるなら達成感もより大きなものになる。私が理事長を務める日本そうじ協会では、２０１３年から毎年、個人、事業者、団体の掃除の取り組みを広く公募し、優れた取り組みを「掃除大賞」の各部門で表彰している。

実は第１章で取り上げた５つの会社は、いずれもこの３年間に掃除大賞の各賞を受賞している企業だ。受賞によって刺激された各社の環境整備への取り組みはその後も驚くほど進化を続けていることを申し添えておく。

「無上位《むじょうい》」の精神

この書で私は、掃除道、環境整備においては、目標として「無上位《むじょうい》」を目指すべきだ、と何度も書いてきた。今村メソッドでは重要な概念、考え方なので、その言葉に込めた私の真意を解説しておこう。

無上位《むじょうい》とは文字通り、「これ以上、上がない最高の状態」として、掃除道では用いている。無上位《むじょうい》を目指せと繰り返し強調しているのは、掃除、環境整備においては、「ここまでできればそれでいい」というような限界設定は邪魔だということを言いたいがためである。

実際に、掃除・環境整備を進めていくと、「これでいい」と思っても、常に改善点が見つかり、さらに上位に向けて改善を重ねていくことになる。限界などないのである。「かなりやったから、もうこれでいい」の精神は環境整備では禁物である。常に、考えられる最上位を目指し続けることで、「まだやり残していることがあるのではないか」という気づきによる永遠の改善の契機となるのだ。

無上位《むじょうい》を目指して目標に達したかのように見えても、

「もっと素早くやる方法はないか？」

「もっとコストダウンする方法はないか？」

「もっと集中力を増やせないか？」

と考え続けてほしいのである。

「もっと、もっと」、と考え続けていると、まだまだいくらでも改善の余地があることに気づくのである。

無上位を体感するゲーム

この無上位の目標をもつことの重要性をご理解いただくために、私のセミナーでは、参加者全員におもちゃのレゴブロックを使った実習をやっていただいている。

なぜ、このような玩具を使った実習をやるかといえば、私が「環境整備をやるなら無上位の目標をもってください。理由はこれこれです」とお話ししても、話を聴くだけでは、なかなか「あ、そうだ！」という心の底からの納得が得られないからである。

読者の中でレゴブロックをおもちの方は、本書を読まれて実際に会社でやってみることをおすすめする。

では、ゲームのルールを説明する。

第15表　ゲームの課題

①②③と同じものを、各3個ずつ計9個をいかに速くつくるか

まず第15表をご覧いただきたい。このゲームは、ブロックの色と形を選んで3種類の形を各3個ずつ、計9個の完成品をいかに速く組み立てるかというものである。

まず5～6人のチームをつくってもらう。セミナーでは、メンバー全員が異なる会社の人で構成される場合も多々あるが、チームの中でブロックを組み立てる人を1人、さらに組み立てる時間を計る人を1人選んでもらい、その他の人は手を出さないで参謀役として時間短縮のための智恵を出す役割を担ってもらう。

まずは第16表のように、ブロックをテーブルの上に出したままの状態から、3種類計9個を組み立てる作業を時間を計っておこなう。**(1回目の組立作業)**

この環境条件では、どんなに手が速い人でも、ブロッ

第16表　この状態から１回目の組立作業をおこなう

クの山を崩して色と形を一つ一つ選び取りながら組み立てるので、９個つくるのに平均で１分30秒ぐらいかかる。遅いチームだと、その何倍も時間がかかってしまうことがある。

次に、時間をもっと短縮するにはどうしたらいいか、２分間全員で考えてもらう。するとほとんどのチームがブロックを色ごとに分けて、使わないブロックを端にどける。その状態が第17表である。

第17表の状態から再度時間を計って組み立ててもらう。（２回目の組立作業）

２回目の組立タイムは平均で45秒前後。どのチームも１回目に比べて約２割ほど、チームによっては５割もタイムが短縮される。

第17表　必要なブロックと不要なブロックを分けた状態

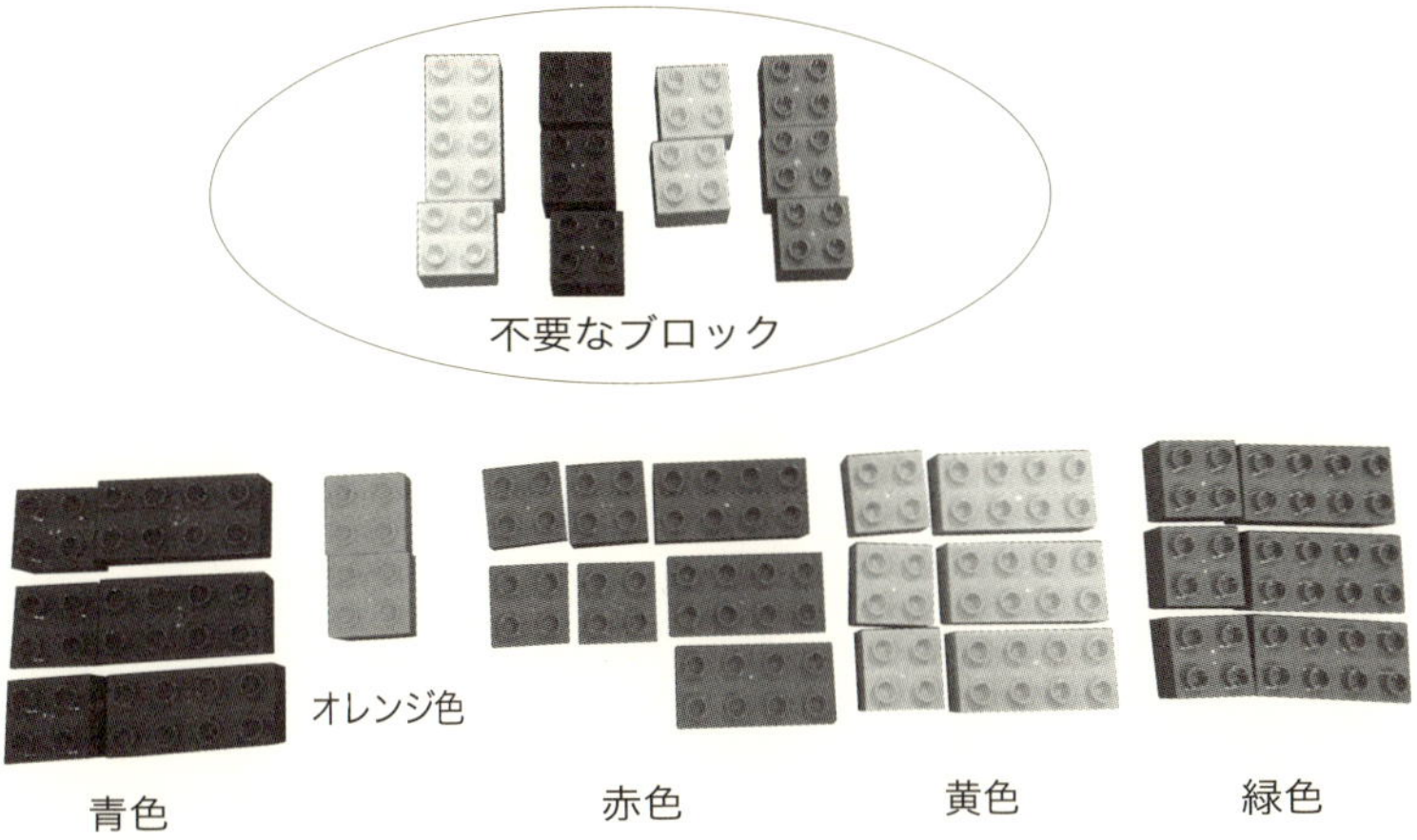

言うまでもなく、時間が２割短縮されたということは、生産性が１・２５倍上がったことを意味する。簡単にいえば、８時間労働であれば、１時間36分早く帰れるようになる。５割短縮できれば半日で仕事が終わるということである。

１分当たりのコストを１００円とすると、１時間36分という時間短縮は、金額にして９６００円、１年間の稼働日数を２５０日とすると年間２４０万円のコスト削減となる。

これは新入社員１人分ぐらいの人件費を削減できたことに値する。時間短縮で余った人員を今後力を入れたい部署へ異動することも可能になる。

お気づきだと思うが、第16表のブロックが乱雑に山積みになった状態は、整理整頓がされていない職場を表している。そういう状態から、要るブロックと要らないブロックを分けて、要らないブロックを端に寄せるという「整理」をし、要るブッロクを色ごとに「整頓」した状態が第17表である。

ここまでは少し考えれば誰でもできるだろう。ということは、当然ライバル会社も同じことをやるはずだから、この程度の改善では競争優位には立てない。今はヒト・モノ・カネ・情報が自由に動くグローバル時代、ライバルは日本企業だけではない。日本の賃金の高さを考えると、同じ生産性では話にならない。コスト面では、生産性を少し高くしたぐらいではアジア諸国には勝てないだろう。

こういう厳しい現実をいくつかお話ししたあと、さらにチームで話し合って改善してもらう。そうするとさらに生産性を上げるために、組み立てる人がブロックを一番取りやすい状態に置くにはどうするか、組み立てやすい置き方とはどういう置き方か、じつにさまざまな智恵が出てくる。そしてだいたい、どのチームも第18表のような、1個を完成させるのに必要なブロックのセットを、取りやすいように並べて置くとい

第 18 表　作業者が取りやすい置き方に整頓した状態

う改善に至る。

つまり第18表は第17表でやった整頓をさらに進化させせた置き方である。

第18表の状態から、また時間を計って組み立ててもらう。

〈3回目の組立作業〉

するとさらに時間が短縮されて、ほとんどのチームが1分を切って20秒から40秒でできるようになる。

ここまでやると、チームに連帯感が生まれて、チーム各人の役割もはっきりしてくる。

私はさらに問いかける。

「もし中国のライバルが5秒を切ってきたら、どうしますか？　実は同じ実習を日本全国でやっていますが、先日、東京のあるチームが5秒を切りました。５秒でやろうと思ったら5秒でできるのです。皆さんも5秒を切る改善を3分で考

第19表　さらに改善した置き方

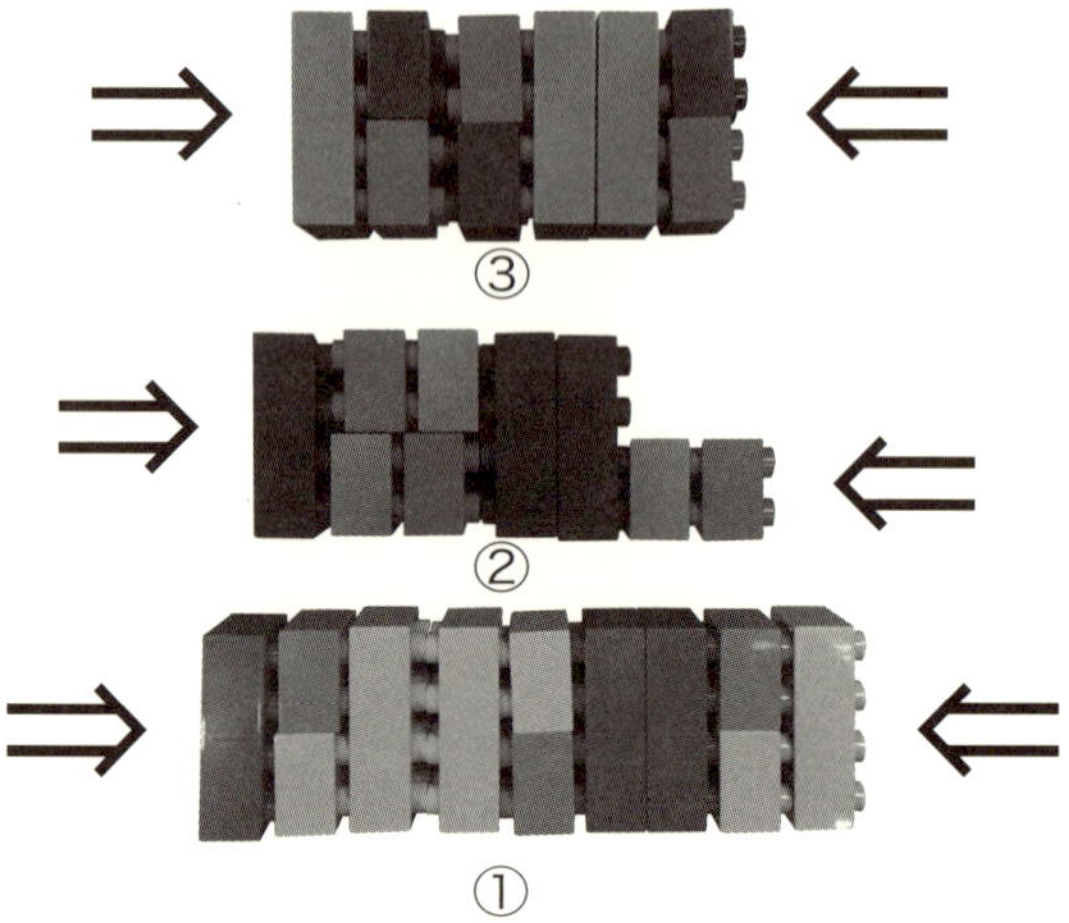

両手でブロックをはさんで一瞬にして組み立てる

えてください」

するとー瞬にして会場の空気が変わり、全員に緊張感が走る。

「えっ、5秒を切る！　そんなことできるの？」と根本的な発想の転換を迫られる。

そして改善した結果が第19表である。

第19表の状態で、また時間を計って組み立ててもらう。（4回目の組立作業）

ご覧のように、両手でブロックをはさむように力を左右均等にかけて、一瞬で組み立てることを3回繰り返すと、９個の完成品が出来上がる。タイムは全チーム５秒未満。さすが５秒を切ると、みんな少し気分が高揚《こうよう》し、満足げな表情になる。

そこで私はさらなる改善を求める。

「皆さん、５秒切ったからといって満足しないでください。実は先日１秒切ったチームがありました。１秒を切るにはどうしたらいいか、他のチームがどんな改善をしているか、見てまわってもいいことにしますから、みんなで考えてください」

言い終わるやいなや、各チームのメンバーは席を立って、他チームの改善を見てまわり、さらにそれを上回る方法がないか、意見を出し合う。会場は、ワイワイガヤガヤ、熱気あふれる喧騒《けんそう》に包まれる。

そして、５回目の組立競争。

結果は、ほぼ全チームが１秒を切る。

最後の改善で、チームのカベを越え、自分たちでは思いつかなかった他のチームの智恵を取り入れて、さらに改善を究め、１秒という高い目標をクリアしたのである。

ところで、１秒を切るブロックの置き方は本書で示さないことにする。読者にもお考えいただきたいからである。ひとこと申し添えると、置き方がわかっても、それだけでは1秒を切れない。さらなる工夫と改善が必要になることを付け加えておきたい。

このブロックを使った実習は、無上位《むじょうい》という高い高い目標をクリアしようとしたときにはじめて、発想の転換が起き、これまでとは次元の違う智恵が出ること、そして、そうした智恵は多くの人の智恵を結集したほうがよりレベルの高い改善ができること、その結果、それまで不可能と思っていたことが可能になることを、知識としてではなく、手と足と口を使うことによって身をもって学ぶものである。

このようなゲームを社内全員でワイワイガヤガヤと楽しくおこなって、無上位《むじょうい》という高い高い目標をもつことの重要さをわかってもらうのもいいだろう。

続いて第5章では、最近、今村メソッドによる環境整備の導入に取り組みはじめた九州の会社を例に、どのように会社が変わっていくのかを見てみることにする。

第5章　実戦・環境整備導入

九州木材工業の挑戦

九州木材工業㈱（角《すみ》　博《ひろし》　代表取締役社長）は、福岡県筑後市を拠点に保存処理木材製造販売、九州電力配電業務委託（保安伐採）を営む従業員１７２人の会社である。２０１１年から３Ｓ運動に取り組んできた。

しかし、自己流で始めた環境整備はスタートしてまもなく行き詰まってしまう。

３年後の２０１４年、角《すみ》社長は日本経営合理化協会主催の私の環境整備セミナーに総務経理チームリーダー栗丸《くりまる》一夫《かずお》課長とともに参加され、環境整備のやり方を抜本的に変える決意をする。

そして、２０１５年３月からスタートした「環境整備　実行リーダー養成講座　全５講」に、栗丸《くりまる》課長と生産チームサブリーダー藤木孝文《ふじきたかふみ》係長の２名を派遣し、その２名と角《すみ》社長の３人が一丸となって次々と仕組みを導入していった。

その結果、驚くほど短期間で環境整備活動が回り出した。本章では、同社はどのように取り組んだのか、環境整備導入の好事例としてご紹介したい。

他社見学で掃除の重要性に気づく

昭和５年（１９３０年）に創業した九州木材工業の４代目社長に角《すみ》博氏が就任したのは２００４年だった。創業以来、木製電柱、線路の枕木《まくらぎ》の加工を扱い、電力会社、鉄道会社を固定客に安定した経営を続けてきたが、社長就任時は新しい経営の方向を模索する時代だった。

電柱はコンクリート製に置き換わり、木製の枕木《まくらぎ》も徐々に消えていった。家庭、公共事業用のウッドデッキ材料や、それまで培《つちか》ってきた防腐処理加工技術、シロアリ防除技術を活かして新しい市場への参入が求められていた。そうすると対象とする顧客が大きく変わる。これまでの大口法人顧客中心のＢｔｏＢから、ＢｔｏＢｔｏＣ、ＢｔｏＣへと事業転換し、いろんな顧客を呼び込む必要が出てきた。そのためには社員の意識や社内風土も変えなければならない。

「うちの会社ならではの特長、顧客にアピールするものは何かないか」と経営の核となるものを探し求めていた社長は、長野県で寒天加工会社伊那《いな》食品工業を経営している塚越寛《つかこしひろし》会長の著書を読んで感銘を受け、直接教えを請おうと同社を訪ねることにした。

1958年創業の伊那《いな》食品工業は、毎朝の掃除を通じて社員の意識を高める斬新《ざんしん》な経営で着実に業績を伸ばし続けている会社だ。「いい会社をつくりましょう」を社是《しゃぜ》に、社員の幸せを第一に考え、「売上や利益の大きさよりも、会社が常に輝きながら永続すること」を目指している。着実に一歩ずつの経営方針は、会長自身によって「年輪《ねんりん》経営」と名づけられている。

2011年5月、長野県伊那《いな》市にある本社の門をくぐった角《すみ》社長は仰天《ぎょうてん》した。

「ここまでやってこその掃除なのか」

敷地は森に囲まれてまさに森林公園だ。工場周辺の3万坪の敷地を主力製品の名前をつけた「かんてんぱぱガーデン」として整備し開放している。玄関までの道路には、ゴミどころか塵《ちり》ひとつない。社内も社外もピカピカに磨き上げられている。同社では始業前の早朝7時50分から30分かけて塚越《つかこし》会長以下、全社員が徹底した掃除をおこなっているのだ。

倉庫には、掃除の場所に合わせて多様な用具がそろえられていた。用具はすべて

形跡《けいせき》管理されている。見学を終えて、

「わが社から掃除を取ったらだめになる」という塚越《つかこし》会長の著書にある言葉が理解できた社長は、「これだ！」と興奮したまま、九州に帰り着いたという。

〈無上位《むじょうい》の環境整備に取り組む他社の先進例をみることが環境整備の入り口となる。私がつねづね強調しているのは、このことだ〉

３Ｓに取り組むが失敗

本社に戻った角《すみ》社長は幹部社員に伊那《いな》食品工業からいただいた創立50周年記念誌の写真を見せながら言った。

「うちは次々もち込まれる木材の皮むきで散らかるし、薬剤の匂いに満ちている。当たり前だと思っていたが、寒天工場だって汚れる職場だ。ところがこれはどうだ。すごいだろ、うちもやろう」

いいと思ったことは、すぐやる。ＳＫＤのＳだ。角《すみ》社長の行動は素早かった。

社内で業務方針説明会を開き、環境整備に取りかかることを説明。総務経理の栗丸課長を推進チームリーダーに十数人で3S推進チームを立ち上げた。掃除の方法、用具などを検討し、2014年暮には環境整備に関する方針を決め、始業前に20分の清掃時間を設けた。

「やるからには社長が先頭に立たないと社員はだれも動きませんよ」と聞かされていた社長は、新入社員2人とともに、彼らの教育を兼ねて、だれもが嫌がるトイレの掃除を担当した。

ところが日が経つにつれ早朝清掃の参加者は減っていった。

無理もない。8時半の始業時間に先立って、ボランティアとして20分間掃除を手伝ってくれと言われても、ヤル気にならない。子供の通園で時間が取れない人は来なくてもいいと通達してあったから、参加できない理由も立つ。

「『おい、もっとしっかりやらんか』『だらだらやってちゃだめだ』と喉元《のどもと》まで声が出かかるが言えないですよ。就業時間外ですからね。これではせっかく始めた早朝掃除も徹底できない。塚越《つかこし》さんの会社の素晴らしい環境は目標として頭に浮かぶんですが、

１００分の１にも及びません」
社長は途方に暮れてしまった。

〈社長の率先垂範《そっせんすいはん》はセオリー通りでよかったが、就業時間外でやろうとすると、こういう失敗を招くことが多い〉

セミナー受講で目からウロコ

14年6月、角《すみ》社長は推進チームリーダーとともに、東京で私が講師をつとめた環境整備1日セミナーを受講された。私は、「ボランティアじゃだめ。就業時間内でやらなければできない。就業規則を変える必要がある。まずはあまり欲張らないで朝の15分でいいから、そこから始めましょう」と指導した。

社長は、慎重に時間をかけて社員の声を聞きながら、従業員就業規則の改正に取り組んだ。そして従来8時30分〜17時30分だった就業時間を、8時15分〜17時15分に変更、始業後と終業前のそれぞれ15分を全社員一斉の環境整備時間にあてることにし、同年暮れ、次期の事業発展計画書に盛り込んだ。

そして年が明けてすぐ、社長のもとで栗丸課長と藤木係長は1万6千坪という広大な本社敷地をどのように分けて掃除するかを考え、各エリアと担当のローテーションを決め、掃除手順書と掃除道具を準備をして、1月29日、キックオフ・ミーティングを開いた。

角《すみ》社長は全社員を前に2時間にわたり、環境整備の目的、目標から具体的な掃除のやり方の細部まで丁寧に説明し、2月1日から一斉にスタートすることを宣言した。

〈社長が諦《あきら》めず、SKDのうち「できるまでやる(D)」という強い意志を貫いたことで道が開けた。その意志を、事業発展計画書に書き込むことで社内外に示し、1か月後のキックオフ・ミーティングで、社長が本気で取り組む宣言をおこなった〉

全社一斉休業し「整理」に取り組む

これまで自己流で環境整備を進めていたので、私のセミナーで「まずゴミを捨てる」

と言われて慌《あわ》てた。

「それまでの環境整備のやり方はまったく理にかなっていなかったことがわかりました」と社長。一から今村メソッドを学ぼうと、15年3月から始まる月1度5回連続の「環境整備実行リーダー養成講座 全5講」の受講を申し込まれた。

この講座で私は、第4章で説明した「整理」「整頓」「清掃」「清潔」「習慣」「仕組み化」の6つのステップの進め方を、順を追って具体的に指導している。座学にとどまらず、毎回、ひとつのステップについて、次回までに社内の問題を洗い出し、進める方法を検討して、整理なら整理、整頓なら整頓を実際におこなうという宿題を出して、次回にその実践の結果を発表してもらうという講座である。

初回の講座のテーマは「整理」で、社長が推進チームリーダーの栗丸課長とともに参加された。

「そうだったのかと目からウロコが落ちました。これまで何をやろうとしていたんだろう」と振り返る社長だが、学んだことをもとにチームリーダーを中心に「整理」の計画を急ぎ練りなおした。

驚いたことに、3月の第1回講座と4月の第2回講座の間に、九州木材工業は、「整理」作業をやり切ってしまったのだ。どうせ受講した各社は、「整理」を今後どのようにおこなうかの計画発表で終わるだろうと思っていたのだが、同社は、初回講座から3週間目の4月4日を臨時休業日として1日がかりで、工場、事務棟を一斉に「整理」してしまった。

ビフォー・アフターの写真付きでのプロジェクターを使った発表に、講座の会場からは「おー」と驚きの声が上がった。社長室をはじめ、どの部屋も工場も、机の上も引き出しもロッカーも見違えるように不要なものは消え、何もないといってもいいぐらい片づいていたからだ。そのときの写真が次ページである。

〈同社が素早く動けたのは、失敗したとはいえそれまでの環境改善に向けた試行錯誤の積み重ねがあったからだ。そして何よりも社長自らが講座で整理の手法を学習したことで、推進チームとの間で意見の齟齬《そご》が生じなかったことも成功理由に上げられる〉

社長の机の整理前（上）と整理後（下）　ビフォー・アフター の写真

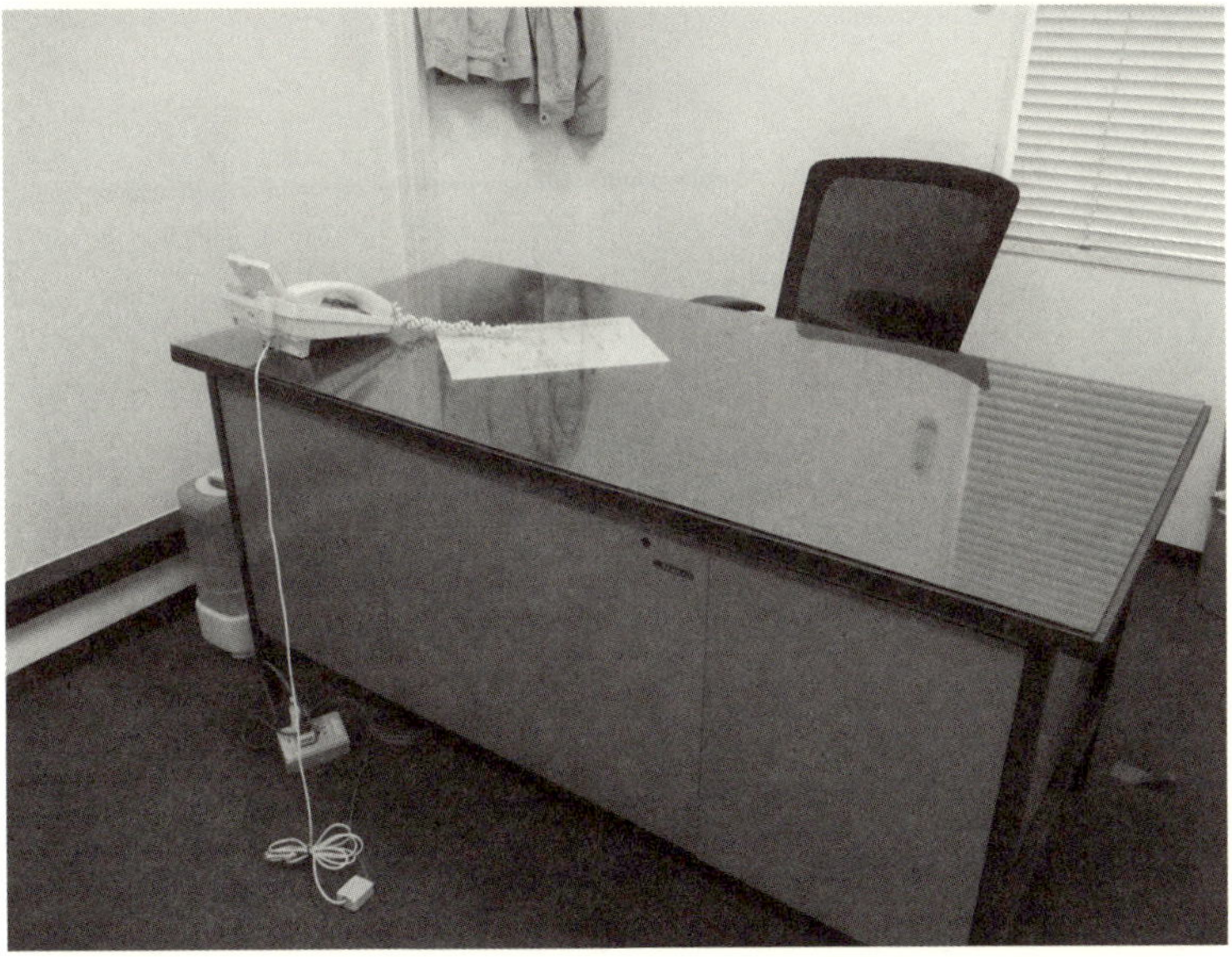

総務経理の机の整理前(上)と整理後(下)　ビフォー・アフターの写真

出てきたゴミは４・６トン

短い準備期間とはいえ、同社の準備は万全だった。ゴミの４分類の定義や、それぞれの引き出しに残すべき文房具のリストと数、捨てる判断などを文書化して各部署に説明してあった（第20表）。必ず保管すべき重要書類も事前に明示した。

作業を前に社長が、趣旨と目的を訓示し、「捨てる判断で迷えば、私に聞いてほしい」と伝えた。

とにかく、部屋の中のものはすべて表に出させた。屋外に４分類に合わせてブルーシートを敷いて、そこに仕分けさせた必要なものだけを部屋に戻した。

１日の壮絶な戦いの結果、処分したゴミの量は、不燃・可燃ゴミ２１２０キロ、金属ゴミ２４８５キロの合わせて４６０５キロにのぼった。

講座での発表の最後は整理の成果だ。

整理の結果、社長室から机１つ、キャビネット３つ、テーブル１つが消えた。どの部屋も社長室にならって、溢れかえっていた什器が消えた。その数は１５７件。

とりあえず不要の文具類は回収して再利用することにしたが、金額にすると

第 20 表　「整理の定義」と「机の引き出しに入れるもの」

1. いつも使うもの　→　毎日使うもの
2. 時々使うもの
   毎日使われないもので 1 年以内に使うもの
3. 判断がつかないもの
4. 捨てるもの
   3.4 番は 1.2 番に該当しないもの。
   すなわち 1 年以上使ったり見たりしないもの

※保存義務のあるもの → ISO 文章、法定文章は別途保管する事
（キャビネット又は保管場所）

机の中引き出しに入れるもの（営業チーム）

1.シャープペンシル（及びえんぴつ）	1本
2.ボールペン　黒	1本
3.ボールペン　赤	1本
4.蛍光ペン　赤	1本
5.蛍光ペン　黄	1本
6.蛍光ペン　青 or 緑	1本
7.消しゴム	1個
8．電卓	1個
9.付箋（大）	1個
１０.付箋（中）	1個
１１.付箋（小）	1個
１２.データー印（日付印）	1本
１３.認印	1本
１４.修正テープ	1個
１５.ノート	三冊以内
１６.名刺ストック　※男性	1ケース
１７.名刺入れ　※男性	1個
１８.手帳　※男性	1冊
１９.スタンプ（入力済）※女性	1個
２０.スタンプ（コピー）※女性	1個
２１．スタンプ（入金）※女性	1個
２２.スタンプ台　※女性	1個

以上

整理した結果、各部署の捨てるゴミの写真

A4
KEEPER

A15

３万３６５８円分。これだけの文具が机回りに死蔵されていたことになる。

発表に立った藤木《ふじき》係長はこう付け加えた。

「ものを探す時間の短縮効果は、１日１人あたり平均５分の短縮が実現したとして、年間で５９４万円になります。空いた倉庫を貸し出したと仮定すると、賃貸収入に換算して１７７万円、ゴミとして出た地金の売却代金が６万３千円……整理が生み出した経済効果は、締めて７８１万円となります」

他社の受講生たちから、大歓声とともに大きな拍手が巻き起こった。

社内でも、同様の報告会が開かれた。ビフォー・アフターの写真を見て、だれもがやり切ったという達成感を味わった。

同社の環境整備はこれで一気に軌道に乗った。

〈１日を臨時休業日にしてまで一気にやり切ったことで、ビフォー・アフターの差は絶大なものとなった。取り除いたムダを金額に換算すると効果が実感できることがおわかりになるだろうか。とにかく、環境整備の入り口での「整理」ステップでは、社

長の責任で捨てるものは大胆に捨てることが重要となる〉

整頓から清掃へ

九州木材工業の環境整備は、5回講座の進展にあわせて進み始めた。整理を始めて3か月後に私は現地を訪れた。事務机の引き出しの中は、スポンジマットを切り抜いて、すっきりと少ない文房具が整然と収められている。私が指導した通りの形跡《けいせき》管理だ。工場の工具も、そして清掃用具も形跡《けいせき》管理の原則で片づけられている。

1万6千坪の広大な敷地に、環境整備に取りかかる前は雑然としていた木材も、方向を揃えて並べられていた。

次々と生まれる改善の鎖

環境整備が進むといろんなことに気づくようになった、と同社ではいう。木材置場を巡回《じゅんかい》していた角《すみ》社長は、土のむき出しの部分に大きな水たまりが点在しているのが気になった。これまでなら、土がむき出しだから当たり前で気がつかなかった。気に

整理によって必要なものだけ残された引き出し

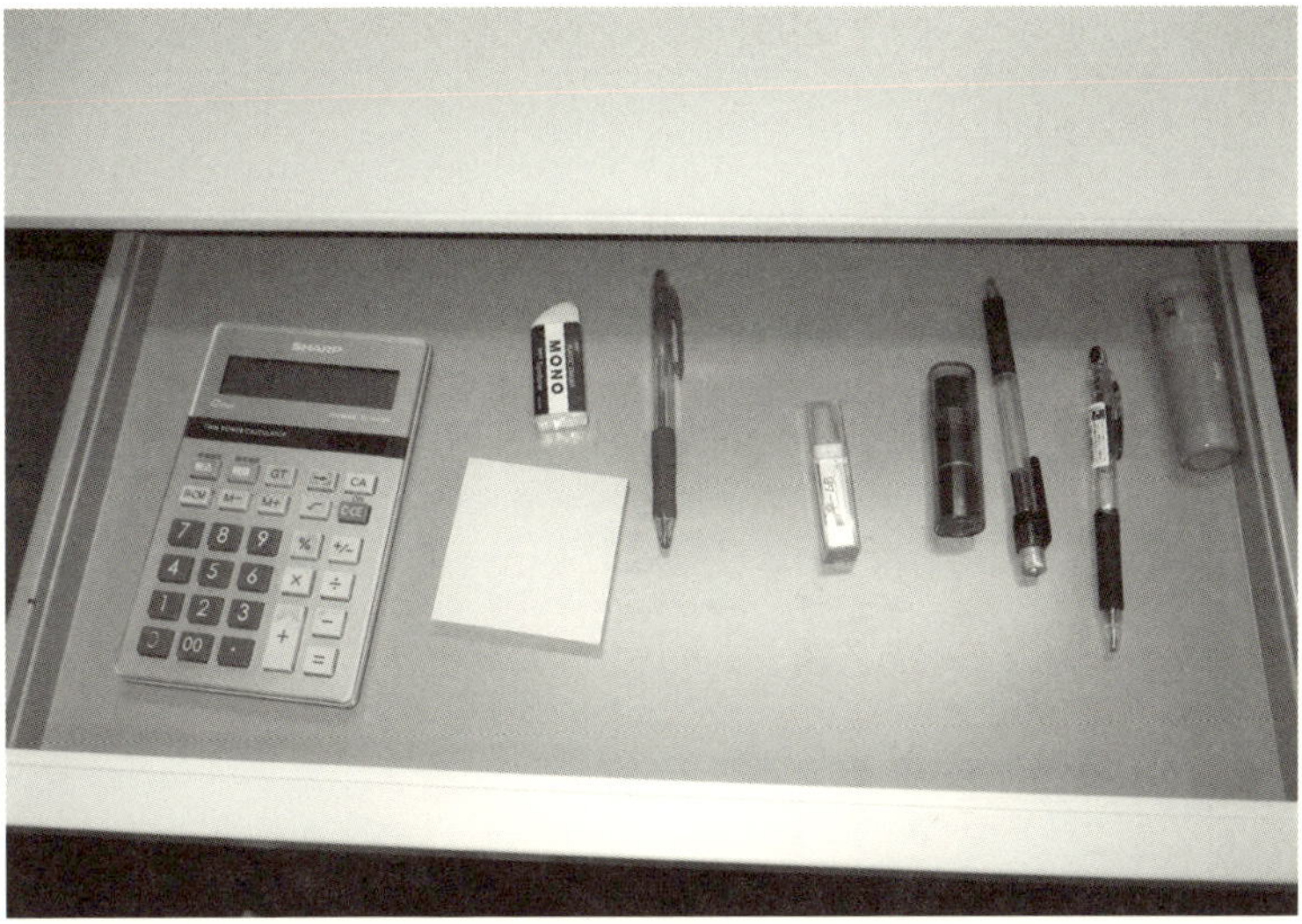

整頓によって形跡管理された引き出し

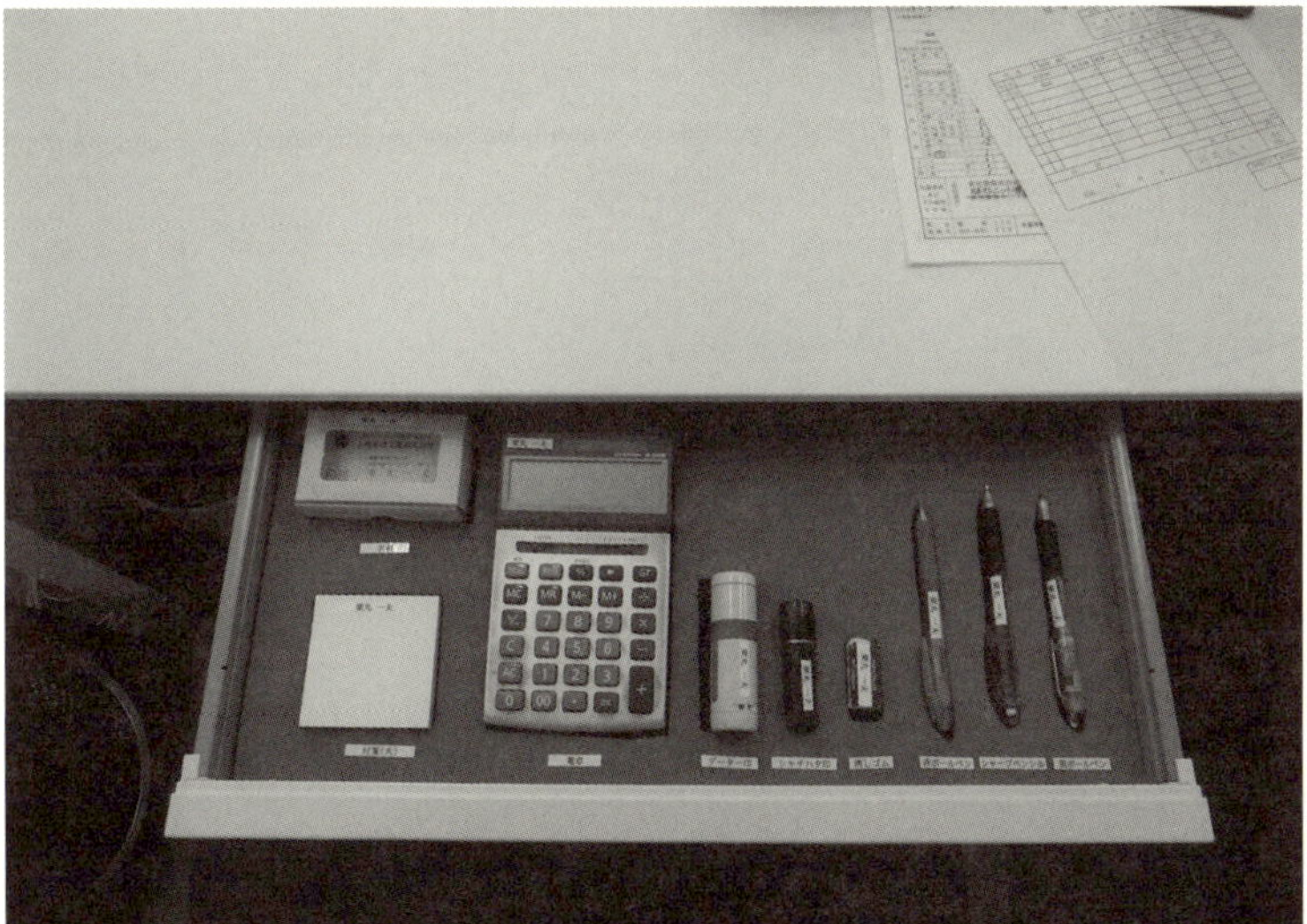

朝の固定掃除場所の表示

	固定場所（毎日実施）	
固定	（男性）	
	・事務所　男トイレ（床1・便器1）	2
	・事務所　手洗い場	1
	・事務所　炊事場	1
	・控所　男トイレ（床2・便器2）	4
	・控所　外トイレ（床1・便器1）	2
	・控所　炊事場	1
	・控所　手洗い場	1
	・第一工場横通路	1
	・生産チーム事務所　トイレ（床2・便器1）	3
	・生産チーム事務所　手洗い場	1
	合計	17
	（女性）	
	・電話受付	1
	・事務所　女トイレ（床2・便器1）	3
	・控所　女トイレ（床1・便器1）	2
	合計	6

「朝のローテーション掃除場所」と「掃除手順書の表示」

	ローテーション場所	
1	・事務所　階段、玄関（内）、玄関（外）	
2	・事務所　廊下	
3	・事務所　応接室	
4	・控所　床A	
5	・控所　床B	
6	・控所　床C　トイレ前通路・炊事場前含む	
7	・生産チーム事務所　床A	
8	・生産チーム事務所　床B	
9	・生産チーム事務所　床C	

朝の掃除手順書

＜玄関内＞

④

① 傘立て、パンフ立てを絞ったぞうきんで拭いて、玄関マットと一緒に廊下に移動をする
② クレンザーを使い、大きなたわしでタイルを磨き、歯ブラシでタイルの目地を磨く
③ 絞った床用ぞうきんで拭きあげた後に玄関マット、傘立て、パンフ立てを玄関に戻す

⑤

① 玄関ドアのノブと内外のガラスをふきんで拭きあげる
② クレンザーを使い、大きなたわしでタイルを磨き、歯ブラシでタイルの目地を磨く
③ 絞った床用ぞうきんで拭きあげる

⑥

① 木の格子の溝をぞうきんで拭く
② クレンザーを使い、大きなたわしでタイルを磨き、歯ブラシでタイルの目地を磨く
③ 絞った床用ぞうきんで拭きあげる

なりだすと、フォークリフトも迂回《うかい》しなければならないし、大変なムダなうえ、事故にもつながりかねないと思い当たったという。

この気づきが、工場エリアの通路を全面的にアスファルト舗装をすることにつながった。

すると木材が野積みにされているのが気になる。必要な部分は屋根をかけることにした。

アスファルト舗装にしたことが次の改善を生む。同社では掃除の担当エリアを決めており、屋内はエリアの境界を小さなテープで示すようにしたが、アスファルト路面にもペンキによる掃除エリアの境界表示が可能になった。

わずか3か月でこれだけの改善を生み出したのだ。

〈3か月でも真剣に環境整備に取り組めば、1～4章で説明した通り、改善への志向性が一気に高まるのだ〉

構内掃き掃除区画線

清掃道具置き場

磨き上げのローテーション

「社内を徹底的に磨き上げる『清潔』の段階が決め手だ」と私から指導を受け、実行リーダーの栗丸《くりまる》課長とサブリーダーの藤木《ふじき》係長は、磨き上げのための人員配置にも工夫を凝《こ》らしていた。

1万6千坪もの広大な敷地だ。毎日朝夕の掃除をやるといっても合わせて1日30分でしかない限られた時間だ。その磨き上げをわずか40数人の本社社員でやるにはどうすればいいいか。

悩んだすえに、重点地区とそうでもない地区を分けるとよい、という私の指導にヒントを得て、お客さんに対する顔となる玄関と裏玄関と応接室、使用頻度の高いトイレを毎日磨き上げることにして、その他は、ローテーションを組んで回すことにした。

また朝の15分は磨き上げを重点にして、退勤前の夕方の15分は掃き掃除中心でおこなう。一人一人の掃除の担当エリアもローテーションで回す。飽《あ》きさせない工夫でもある。

「あまりに複雑な」と思うかもしれないが、このローテーション表がそれぞれのエリ

掃除道具が入った倉庫の壁に貼り出されている表示

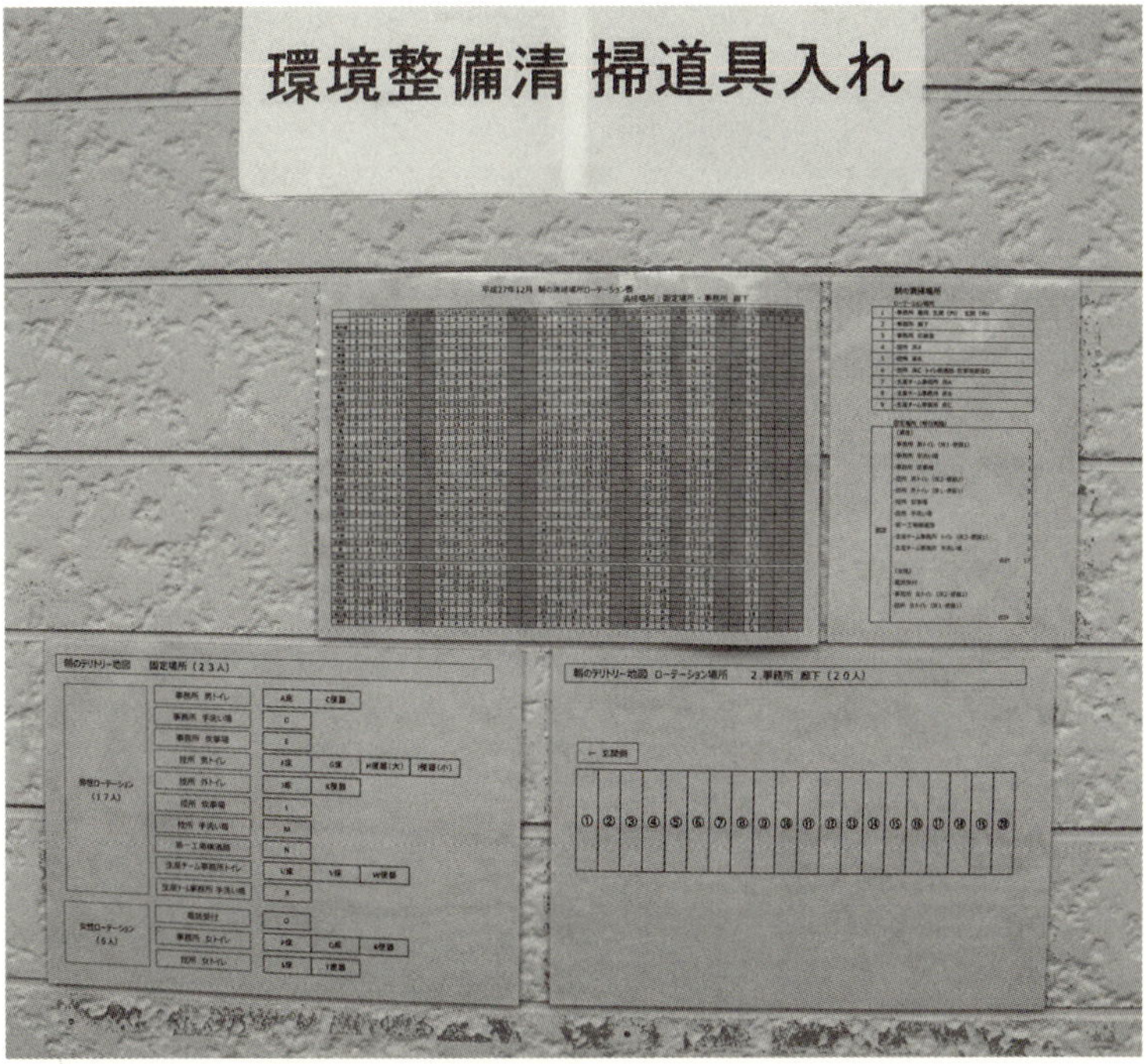

(上段左の表示)　2015 年 12 月 朝の清掃場所ローテーション表

縦軸に社員の名前、横軸に日にちが明記され、縦軸と横軸が交わったところに、その日に掃除する場所(番号)が記されている。次ページ上の写真がアップで撮影したもの。毎朝、自分の担当する掃除場所をこの表で確認したあと、必要な道具を取って担当場所へ駆け足で向かう。

(上段右の表示)　朝の清掃場所(ローテーション場所と固定場所)

(下段左の表示)　朝のテリトリー地図　固定場所

(下段右の表示)　朝のテリトリー地図　ローテーション場所

2015 年 12 月のローテーション場所は､「２．事務所廊下　20 人」廊下を 20 等分して、20 人で磨き上げる。(写真は 332 ページ)

※夕方の清掃場所ローテーション表は、上記倉庫の別の壁に表示されている。

朝の掃除場所のローテーション表

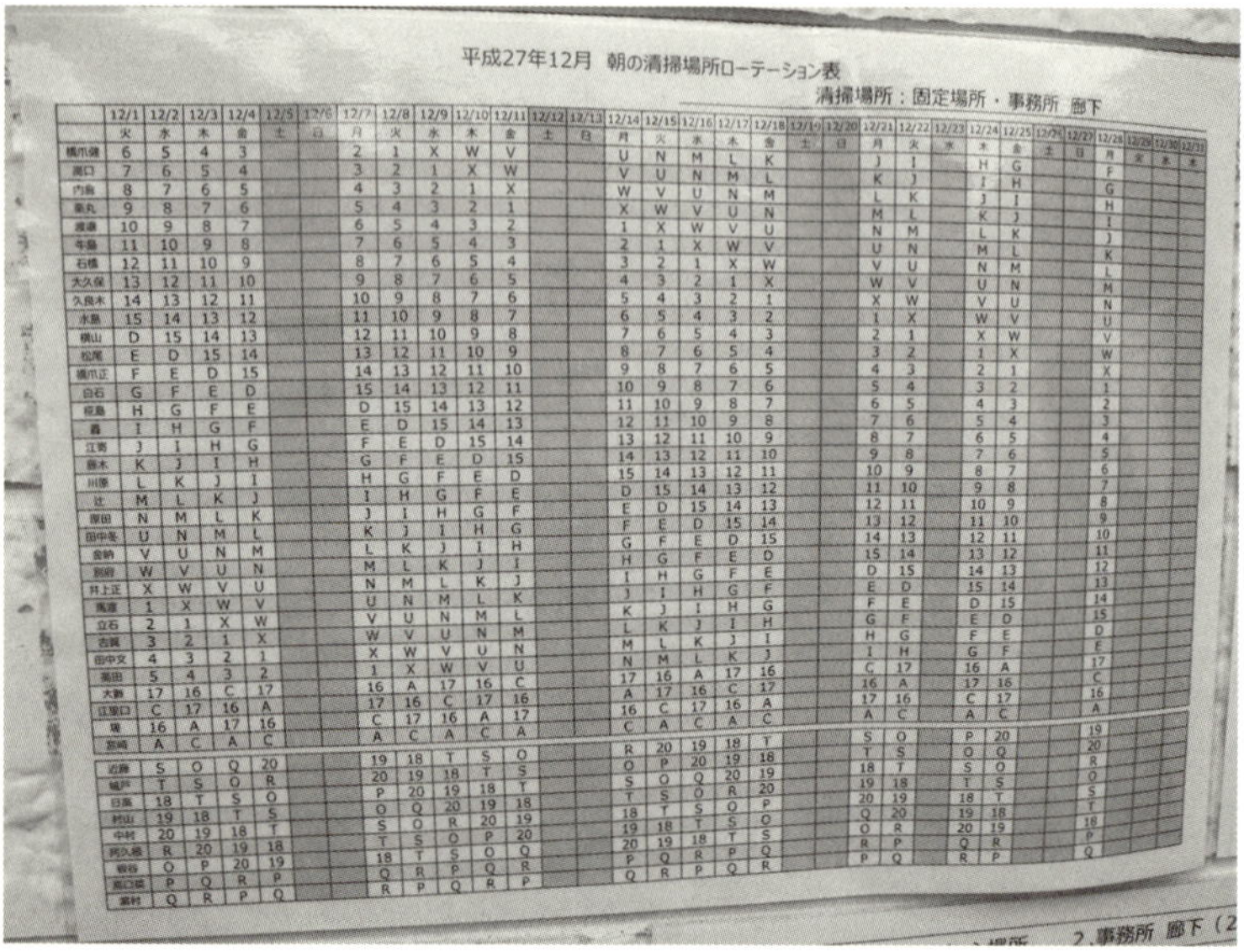

夕方の自分の掃除場所をローテーション表で確認する社員（左端）、
後方は、小走りで掃除道具をとりに行く社員

玄関の廊下を１人新聞紙１枚程度の面積を大勢で磨き上げる

アと掃除用具倉庫に貼り出してある。掃除時間になり、用具倉庫に行きさえすれば、今日、自分がどこで何をすればいいのか簡単にわかるようになっている。

私が訪れた時も、夕方の5時に掃除開始のサイレンが鳴ると同時に、各部署から掃除小屋に社員が駆け込んできて、担当エリアを確認して、エリアごとに整理して保管されている必要な用具をあっという間に取り出して散っていくのを見た。見事なチームプレイが成立していた。

私が、磨き上げは新聞紙1枚程度の

狭い範囲を世界一のレベルで磨きあげれば、それが全社に波及する、と指導したのを実践して、会社の顔である応接室の磨き作業の日は18人が体を寄せあって徹底的におこなう。会社の主力製品である「エコアコールウッド（杉材）」でフローリングした床はピカピカだ。

写真のとおり、狭い場所を大勢で磨くので、部署が違う人同士でも「もっとこういう拭き方をしたら、ピカピカになるよ」と、自然と会話が生まれる。

その影響からか、社員からの改善提案も目にみえて増えてきた。

応接室に座っていると、廊下を挟んだ受付から、「いらっしゃいませ」と大きな声ではっきりと挨拶の声が響いてくる。社内でだれとすれ違っても、「いらっしゃいませ」と気持ちよく迎えられる。

環境整備を導入するにあたって、推進チームで話し合い、「いらっしゃいませで統一し、立ち上がって挨拶する」ルールを決めたのだという。決めたら社長に朝礼で徹底を命じてもらう。挨拶運動が、「ルールを決め、決めたら守る」という環境整備の基本精神を社内に根づかせたことになる。

こんな改善できました

部署　九州木材工業㈱ 生産チーム　氏名　[redacted]　日時　5 月　9 日

タイトル	第1加工所・工具倉庫　棚の住所と番地付け

改善前

改善後

コメント

工具倉庫内の棚に名前が無かったので、名前（住所）と番号（番地）を付け、各棚に表示しました。（36箇所）
表示したことで、『工具』を探す時間が短縮できました。（1棚辺り5秒＠￥8 × 36箇所＝￥288）

現場を見ながら気になる点があり、私は「ここはこうした方がいいのでは」とアドバイスしてみた。返ってきたのは、「はい、○日からそうすることになっています」。スケジュール通りにプロジェクトはコントロールされている。

〈これだけの仕組みを短期間で機能させたのは、各部署のリーダーで構成される推進チームがしっかり機能しているからだ。同社では、推進チームが月に3回は集まり、環境整備の進め方で意見を闘わせている。そして目的、目標、効果をしっかりと共有している〉

掲げる高い理想と夢に向かって

「講座で教わったとおり、掃除をはじめてみて社員が変わってきたのがわかります」と角《すみ》社長は言う。検品合格率は上がり、不良在庫も減ったという。いつか何かに使えるだろうと思って倉庫にしまいこんでいた半端材を思い切って処分したのだ。

労働安全面も問題が減った。なによりも社員の集中度が高まって作業速度が上がり、品質が向上したという。

「社員からの改善提案も目に見えて増えてきました」

社長は、長野の伊那《いな》食品工業を見学したときに自分が下《くだ》した判断が間違いなかったと確信している。「やるからには業界一を目指す」と社長は夢を語ってくれた。売上高ではない。「品質、技術力ももちろんのこと、環境整備ならどこにも負けない、環境整備なら九木《きゅうもく》（九州木材工業）さんだと言われるように理想を掲《かか》げてるんですよ」

敷地には緑があふれ、加圧注入処理や高温乾燥、木材加工用などの機械を皆さんに見学してもらえる工場。そんな会社のグランドデザインを描き、模型まで準備した。名づけて「九木《きゅうもく》ガーデン」。最初に刺激を受けた「かんてんぱぱガーデン」が理想の姿だ。

私も、指導して本当に良かったと感じている。

「まだまだ100％には遠いですよ。私の夢はお客様や取引先、社員の家族、地域の人たちがたくさん来てくれて気持ちよく過ごしていただける九木《きゅうもく》ガーデンをつくることですから」と社長は言う。

確かに、同社には月1回おこなう環境整備点検シートはあるが、社員がみずから評価するチェックシートの導入はこれからだ。同社のすごい点のひとつは、実行スピードは速いが、けっして拙速《せっそく》でないことだ。ひとつひとつの仕組み化をじっくり考え抜いている。チェックシートも人事評価にリンクさせようと社長と栗丸課長が今、智恵を絞っている最中である。同社は、納得したものが出来るまでは安易に導入しないという慎重な一面ももち合わせている。

いずれにせよ、無上位《むじょうい》を見据《す》えてまだまだ改善の余地ありと考え続けるかぎり、同社の環境改善に未来の希望がある。環境改善は永遠の闘いなのだから。同社の取り組みはまだ始まったばかりなのだ。

〈全国には環境整備に取り組み、目を見張る成果をあげている会社がいくつもある。私は成果そのものももちろん素晴らしいと思うが、それよりも「明日は今日よりももっと良くなりたい」というみんなの思いで進化していく社風、風土こそ一番大事だと思う。

なぜなら、それは働く人が生き甲斐をもって仕事を究《きわ》め、その仕事によって世の中の役に立ち、みんなで幸せになる——その実現に欠かせない、目に見えない大切なものであるからだ〉

あとがき

つい最近、私が指導したA社を久しぶりに他社の環境整備担当者とともに見学に訪ねたときのことである。A社を指導していた当時、A君は環境整備に非協力的であった。そのA君が担当するエリアを見学したとき驚いた。ものの見事に磨かれていて、全員が目を見張ったのである。

ある人が「すごくキレイですね」と声をかけると、A君はにっこり笑って「環境整備はただキレイになるだけじゃダメなんですよ。成長しなければダメなんです。それとそれを人に伝えていかなければダメなんです」と答えた。

私は挨拶と掃除を徹底してやることで、こんなに人が変わるものかと、あらためて環境整備の力を見せつけられた思いがした。A社はここまで来るのに10年以上かかった。

その一方で、環境整備の導入に比較的簡単に成功してしまう会社もある。そういう会社はもともと仕事でPDCA（計画→実行→評価→改善）サイクルを回すことができていた会社である。

一般に、成功するというのはそんなに難しくない。まぐれで成功してしまうこともある。しかし成功し続けるというのは難しい。環境整備もまさに同じで、成功するより維持するほうが難しいのである。


「千日《せんにち》の稽古をもって鍛とし、万日《まんにち》の稽古をもって錬とす」


この言葉は、宮本武蔵の「五輪書《ごりんのしょ》」の言葉で、鍛錬《たんれん》の語源となっている。基礎をつくるに千日《せんにち》(約3年)を要し、技《わざ》を揺るぎないものにするのに万日《まんにち》(約30年)を要するという意味である。

ひとつの道を継続して努力精進することの大切さを説いた言葉である。

私が「無上位《むじょうい》を目指して環境整備に取り組んでほしい」と言うのも、継続の難しさを乗り越えていただきたいからだ。

思わぬところから反対勢力が出てきたり、実行リーダーが変わって士気が下がったり、中だるみしたり、じつにさまざまな壁にぶつかる。それらの壁をひとつひとつ乗り越え、半年、1年、3年、5年、10年…と継続できるかどうかは、まさに社長の信念が問われるところである。

環境整備活動の挫折《ざせつ》、失敗は、「悪」以外のなにものでもない。なぜなら環境整備は、社員と会社の明るい未来をつくる活動であるからだ。

※

2011年、私は「掃除の啓蒙活動を通じて、生活文化の発展と産業の発展に寄与し、より良い社会をつくりたい」という思いで一般社団法人日本そうじ協会を立ち上げた。

現在、日本そうじ協会は、日本一の掃除教育の啓蒙団体を目指し、掃除道という「掃除をする技術」と「良い習慣づくり」の教育メソッドを伝える活動を全国的におこなっている。

そのなかで、個人には「掃除道1級・2級」、会社で環境整備に取り組む人には「環境整備士1級・2級」を認定し、実行リーダーを育成するとともに、毎年、「掃除大賞」の選定と表彰をおこなっている。

掃除大賞は、「掃除大賞」以外に、「文部大臣賞」「経済産業大臣賞」「農林水産大臣賞」「環境大臣賞」「厚生労働大臣賞」などがあり、本書第1章で取り上げた事例は、すべていずれかの賞を受賞した会社である。

環境整備をひととおり導入された会社は、この「掃除大賞」に積極的に参加されることをおすすめしたい。

よく「わが社はまだまだですから」といって躊躇《ちゅうちょ》されるが、掃除大賞というのは決して賞取りレースではない。1人の勝者と多数の敗者をつくる勝負の場ではないのだ。1年に1度、初心に返り、この1年の実践を振り返り、成長を確認する場である。そして他者の実践から刺激を受け、次の1年の目標を定める場でもある。賞を狙うとか、賞を取るとかということよりも、会場に集まった環境整備に取り組む千人近い同志と交流することに大きな意味がある。

掃除大賞は毎年ドラマがあり、同じ高みを目指す者同士で大きな刺激を与え合うのである。

発表当日、第一次審査を通過した6社は、この1年間どのように環境整備に取り組んだかを15分で発表する。それを聞くだけでも勉強になる。各社それぞれ智恵を絞りに絞って環境整備を進化させているからだ。

これまで繰り返し環境整備は継続が大事だと述べたが、動き出した環境整備が弛《たゆ》むことなく、進化し続けるための仕組みのひとつとして、1年に1回の掃除大賞を活用されたらいかがだろう。

また、日本経営合理化協会主催のセミナーでは、経営者を対象にして環境整備の概略を1日で話す勉強会をおこなっている。加えて、環境整備実行リーダーを育成するための「環境整備実行リーダー養成講座」も定期的に開催している。

「環境整備実行リーダー養成講座」は座学に加えて毎回課題があり、次回の講座までに実践をやりきって発表を繰り返すという全5回5か月の育成コースである。自社の発表だけでなく他社の実践と発表を目の当たりにするので、参加者は互いに大きな刺激を受けて切磋琢磨《せっさたくま》する講座である。

環境整備の実行リーダーを何人か育てたいと考えている社長には有効な講座である。

※

最後に、環境整備を通じて人を育てる立場の皆さんにお伝えしておきたい。それは、

「愛情をもって人と関わってほしい」

ということである。

私がこれまで不登校の子供や精神的な悩みを抱える子供を指導する中で、愛情不足で育った人はやはり問題行動を起こしたり、逆になにも行動を起こせなくなったりする現場を数多く見てきた。

愛情という言葉はよく使われる言葉のひとつだが、私なりの考えを言わせていただくと、愛情とは「理解」と「応援」がなければ成り立たない。

たとえば、人から「もっと頑張れ」とか「あなたならできる」と言われて、理解されないで応援ばかりされていたら、その人はいつか息苦しくなってしまう。

逆に、理解しかないと、「いつも〇〇さんが理解してくれる」と思って、その人は甘えてしまう。やはり応援がないと片手間の愛情となってしまうのだ。

人は「理解」と「応援」の両方があってこそ、心満たされて成長していく。そのことをリーダーは心にとめておいていただきたい。

間違っても環境整備を導入するときに、部下、社員、同僚に「何回同じことを言わせるのか、まだわからないのか」などと、言っては駄目だ。

習慣づくりのところで「十の誓い」を解説した。愛情深い人になろうと思えば、誓いの言葉として「私は愛情深い人になります」と書いても、愛情深い人にはなれない。なぜなら愛情が抽象的なものだからだ。

愛情とは「理解」プラス「応援」。だから、「理解」の行動として、たとえば「毎日自分から話しかけて問題点を聞く」「毎日10分、部下の話に耳を傾ける」などの具体的な理解の行動習慣を書いて毎日継続して自分のものとしていただきたい。「応援」についても、同じである。

そうすれば、社長は社員を理解して応援する、上司は部下を理解して応援する、社員は同僚を理解して応援する。そういう人がたくさんいる会社は、絶対に働きがいのある、豊かで良い会社になるはずだ。私はそれを信じて指導にあたっている。

本書が、皆さんの良い会社づくりに役立つことを心から願って終わりとしたい。

■掃除大賞についてのお問合せ先

一般財団法人 日本そうじ協会
TEL03(6271)5737
http://www.soujikyoukai.jp/
メール info@entre-j.com

■環境整備セミナーについてのお問合せ先

日本経営合理化協会 担当 三木亨
TEL03(3293)0041
http://jmcasemi.jp/

参考図書

『掃除の民俗』
『古事記』倉野憲司校注　岩波文庫
『典座教訓・赴粥飯法』道元著　中村璋八、石川力三、中村信幸訳注　講談社学術文庫
『日本資本主義の精神』（山本七平ライブラリー）山本七平著　文藝春秋
『丁稚のすすめ』秋山利輝著　幻冬舎
『木のいのち木のこころ』西岡常一著　草思社
『ラグビー日本代表監督　エディー・ジョーンズの言葉』柴谷晋著　ベースボール・マガジン社
『脳のワーキングメモリを鍛える』
　トレーシー・アロウェイ／ロス・アロウェイ著、栗木さつき訳、ＮＨＫ出版
『生き方上手になるための「片付け脳」の育て方』篠原菊紀著　ベストセラーズ
『習慣力』今村暁著　角川書店
『いい会社をつくりましょう』塚越寛著　文屋

■著者／今村 暁（いまむら さとる）氏について

１９７１年、横浜市生まれ。北海道大学法学部在学中、少林寺拳法部のキャプテンを務め、北大チームを日本一に導く。その後突然、脳梗塞で倒れ、一年間の苦しい闘病生活を強いられる。その経験から、将来は、どうしようもない悩みで苦しんでいる人たちを助ける仕事をしたいと、大学卒業後、経営の基本を学ぶため日本長期信用銀行に入行、その後、27歳で独立して不登校児童や成績不振児童を指導する学習塾を始める。独自の「習慣教育」と「掃除道」のノウハウを駆使し、有名大学合格はもちろん、全国模試で日本一を８人輩出するなど、驚異的な実績を残す。

２０１１年、「掃除道」の普及と発展をめざし、「一般財団法人日本そうじ協会」を設立、理事長に就任。「掃除をする技術」と「良い習慣づくり」の教育メソッドを伝える活動を全国的に展開するとともに環境整備士、インストラクターの養成および認定をおこなっている。

さらに毎年、掃除大賞を開催。掃除道に取り組む優れた個人、事業者、団体会社を選定し、「文部大臣賞」「経済産業大臣賞」「農林水産大臣賞」「厚生労働大臣賞」を授与している。

現在、ＮＨＫで「掃除の匠《たくみ》」と紹介されたのをきっかけに、テレビ朝日、ＴＢＳ、全国各誌に取り上げられ、その活動は海外にまで広がっている。

著書「10秒朝そうじの習慣」「そうじ習慣手帳」他多数。

著者連絡先 imamura@entre-j.com